BETIEL BERHE

NIE MEHR LEISE

aufbau

Betiel Berhe ist studierte Ökonomin und Aktivistin. In der Vergangenheit war sie für zahlreiche internationale Organisationen sowie NGOs tätig, hat das Social Justice Institut in München mitbegründet und ist in unterschiedlichen rassismuskritischen Netzwerken aktiv. Sie hält Vorträge, gibt Workshops und berät zu den Themen Migration, (Anti-)Rassismus, Diversity und Bildung. Aktuell arbeitet sie schwerpunktmäßig zur Verbindung von »Race und Class« im deutschen Kontext.

Die gut integrierte Schwarze Frau aus der Arbeiter*innenklasse, die es zur Ökonomin geschafft hat: ein perfektes deutsches Aufsteiger*innenmärchen? Nein. Genau das möchte Betiel Berhe nicht sein. Sie möchte nicht unhinterfragt mitlaufen in einem kapitalistischen System, das von rassistischen und klassistischen Strukturen durchdrungen ist, nur weil sie es »geschafft« hat. Sie ist Teil einer neuen migrantischen Mittelschicht, die sich nicht mehr unterdrücken lassen will und aufbegehrt gegen Ungerechtigkeit. Betiel Berhes Buch richtet sich an alle, die in einer anderen, einer gerechteren und solidarischeren Gesellschaft leben wollen.

BETIEL BERHE

NIE MEHR LEISE

DIE NEUE MIGRANTISCHE MITTELSCHICHT

aufbau

MIX
Papier | Fördert gute Waldnutzung
FSC® C083411

ISBN 978-3-351-04203-5

Aufbau ist eine Marke der
Aufbau Verlage GmbH & Co. KG

1. Auflage 2023

Umschlaggestaltung Rothfos & Gabler, Hamburg
unter Verwendung einer Illustration von © Diana Ejaita
Satz LVD GmbH, Berlin
Druck und Binden CPI books GmbH, Leck, Germany
Printed in Germany

www.aufbau-verlage.de

INHALT

FÜR ADEJ UND ABOJ

»No black woman writer in this culture can write ›too much‹.
Indeed, no woman writer can write ›too much‹ …
No woman has ever written enough.«

BELL HOOKS

PROLOG

Politik spielte in unserer Familie schon immer eine große Rolle. Deshalb weiß ich gar nicht, wie es ist, sich nicht mit Politik zu beschäftigen. Gleichzeitig habe ich als Schwarzer Mensch und speziell als Schwarze Frau gar nicht die Möglichkeit und den Luxus, mich als unpolitisch zu betrachten. Schon früh habe ich verstanden, dass meine Anwesenheit in allen Räumen immer auch ein Politikum ist. Das Schwarze Mädchen im Kindergarten. Das *nette* Schwarze Mädchen in der Schule. Die Schwarze in der Vorlesung. Die Schwarze Kollegin. Die Schwarze Mama. Die Schwarze Trainerin. Und nun die Schwarze Autorin.

Es ist ein Luxus, unpolitisch sein zu dürfen – ich hatte ihn nie. Denn mein Körper ist politisch, und ihn habe ich immer bei mir. Doch das soll auch nicht heißen, dass alle Menschen, deren Körper politisiert werden, die Möglichkeit, das Interesse oder gar die Pflicht haben müssen, sich politisch zu engagieren. Ich aber habe mich bewusst dafür entschieden.

In meinem Schwarzen Kleid
Ich hab mein Schwarzes Kleid an.
Andere haben es gemacht,
aber jetzt gehört es mir.

Ich fühle mich schön und
erhaben in meinem Schwarzen Kleid,
denn ich habe es von meiner Mutter und meinem Vater,
mein Schwarzes Kleid.

Aber ich trage es trotzdem nicht immer,
und manchmal trage ich es und vergesse, dass ich es
anhabe, auch wenn ich es schon lange trage.

Ist auch gut so,
ist halt nur ein Kleid.
Ich bin ja nicht mein Schwarzes Kleid.

Weißt Du, wer Du bist ohne Dein Kleid?

Ich weiß, wer ich bin!
Ich bin ich, wenn ich nackt bin.
Ich bin ich, wenn ich bei mir bin.
Ich bin ich, wenn ich nicht abgelenkt bin.

Aber trotzdem liebe ich mein Schwarzes Kleid,
denn ich habe es von meiner Mutter und meinem Vater,
mein Schwarzes Kleid.

Dieses Gedicht habe ich für die Ausstellung »At the borderlines of belonging / Grenzlinien des Daseins« verfasst. Die Initiator*innen von AfroDiaspora 2.0 haben 2020 unterschiedliche Schwarze Menschen dazu eingeladen, Texte und Fotografien zu den Themen »Identität//en, Zugehörigkeit//en und Lebensrealität//en« zu erstellen und zu präsentieren. Mein Gedicht verhandelt alle drei Themen und wechselt dabei ständig zwischen der inneren Haltung und dem Blick von außen. Es bringt zum Ausdruck, dass Körper wie meiner immer politisch sind. Immer! Denn wir können unsere Körper nicht verbergen, verändern oder ablegen. Sie sind immer da, immer sichtbar und nie frei von Bewertung. Egal, ob im Supermarkt, beim Bewerbungsgespräch, im Klassenzimmer, während wir auf den Bus warten und auch im Kreißsaal.

Deshalb habe ich dieses Gedicht bewusst an den Anfang dieses Buches gesetzt. Damit ihr versteht, dass die folgenden Gedanken auf den Erfahrungen und Perspektiven einer Schwarzen Frau in Deutschland basieren. Und für alle, die es noch nicht wissen: »Schwarze Frauen* haben schon immer gekämpft, entdeckt, inspiriert, erschaffen, erforscht, geschrieben, geglaubt, geliebt und gehofft. Trotz und wider unglaubliche Barrieren, Grausamkeiten und Erniedrigung.«[1] Mit dieser wunderschönen Liebeserklärung beginnt die Anti-Rassismustrainerin und Autorin Tupoka Ogette jede Folge ihres Podcasts.

Schwarze FLINTA* (Frauen, Lesben, intergeschlechtliche, nichtbinäre, trans und agender Personen) und Schwarzes Leben im Allgemeinen sind divers, und so sind auch unsere Kämpfe und unsere Realitäten komplex und unterschiedlich. Aber auch wenn es »die Schwarzen« nicht gibt, nicht geben kann, ist es dennoch wichtig zu verstehen, dass »Schwarz« eine wesentliche Selbstbezeichnung im Sprechen über Rassismus ist. Sie bringt zum Ausdruck, dass Menschen mit afrikanischer Herkunft seit Jahrhunderten systematisch ausgebeutet, unterdrückt und entmenschlicht werden. »Schwarz« ist also keine Eigenschaft, sondern markiert unsere politische Position in einer weiß dominierten Gesellschaft. Über »Schwarz sein« zu sprechen, bringt somit auch zum Ausdruck, dass Black Lives Matter immer gilt und nicht nur dann, wenn die Welt uns wie im Mai 2020 einen Moment lang ihre Aufmerksamkeit schenkt.

Meine Erfahrungen stehen aber nicht für sich allein: Sie ähneln denen von vielen rassifizierten Migrant*innen, die ebenso Rassismus ausgesetzt sind. Schwarze Menschen und People of Color teilen die Rassismuserfahrungen, die weiße Menschen in unserer Gesellschaft nicht machen. Der Begriff »BIPoC« (Black, Indigenous and People of Color) versucht, diese Perspektiven zu vereinen. Einerseits bringt er zum Ausdruck, dass es wichtig ist, die unterschiedlichen Formen von Rassismus sichtbar werden zu lassen, und gleichzeitig macht er unsere Gemeinsamkeiten überhaupt erst besprechbar.[2] Denn wir alle werden aus dem gleichen Grund von der Gesellschaft rassifiziert und zu »Anderen« gemacht: Zwar wird Rassismus immer noch maßgeblich durch körperliche Merkmale wie »Hautfarbe« markiert, doch in Deutschland erleben wir seit einigen Jahrzehnten einen Shift in der rassistischen Ideologie, denn inzwischen haben alle verstanden, dass es keine biologischen »Rassen« beim Menschen gibt. Der neue, ›zeitgemäße‹ Rassismus, auch »Neo-Rassismus« genannt, betont deshalb nicht mehr die Unterschiede zwischen »Rassen«, sondern die Differenz zwischen Kulturen, die durch Migration aufeinandertreffen. Die Kategorie »Rasse« wurde durch die Kategorie »Migration« ersetzt – meint aber im Grunde immer noch dasselbe. Dieser »Rassismus ohne Rassen« ist die Reaktion auf die verstärkte Migration nach Deutschland[3] und hat den Zweck, bestimmte Migrant*innen selbstverständlich, fast natürlich, als arbeitende Klasse zu verstehen. Die strukturelle Diskriminierung und Ausbeutung migrantischer Menschen wird also durch eine rassistische Ideologie gerechtfertigt – ohne sie als solche zu benennen.

Rassismus, so wie wir ihn heute in Deutschland erleben, kann deshalb nur dann im Sinne aller bekämpft werden, wenn wir die geschichtlichen Zusammenhänge verstehen und die Parallelen zum Hier und Jetzt begreifen. Ein wesentlicher Schritt in diese Richtung wäre ein klassenbewusster Antirassismus. Dafür brauchen wir aber in erster Linie eine im Großen wie im Kleinen praktizierte Solidaritätskultur.

Eine solche Solidarität im Kleinen habe ich bei meiner Begegnung mit der Comedienne Idil Baydar aka Jilet Ayşe erlebt. Idil war vor einigen Jahren auf das Podium einer Veranstaltungsreihe zum Thema Rassismus geladen. Die Diskussionsrunde hat mich nicht sonderlich mitgerissen, aber Idil in Action zu erleben, war nicht nur lustig, sondern auch sehr inspirierend. Die Podiumsdiskussion fand in einem kleinen, intimen Rahmen statt, deshalb konnten wir uns am Ende der Veranstaltung noch kurz unterhalten. Neben etwas Smalltalk sprachen wir auch über Humor als Instrument des Widerstands. Am Ende des Gesprächs nahm Idil mich und meine Schwarze Freundin zur Seite, schaute uns in die Augen und sagte mit ernster Stimme: »Wir Kanax haben viel von unserem Widerstand von euch Schwarzen gelernt.« Danach gab sie uns ihre Handynummer und fügte noch hinzu, dass wir uns jederzeit bei ihr melden können.

Idil hat das an dem Abend nicht ohne Grund gesagt. Sie weiß, dass Rassismus gegen Schwarze leider immer noch ein großes Problem in vielen Communities of Color ist. Gerade weil echte Solidarität unter Schwarzen und PoC nicht immer selbstverständlich ist, war es für Idil wichtig, sich zu positionieren. Sie hat auf ihre eigene Art und Weise mit wenigen Worten ihren Respekt, ihre Liebe und ihre Solidarität zum Ausdruck gebracht. Diese Begegnung war für mich sehr prägend, denn sie hat deutlich gemacht, dass wir den strukturellen Rassismus in diesem Land nur bekämpfen können, wenn wir bei uns selbst und unseren Communities anfangen. Wenn wir BIPoC uns nicht mehr gegeneinander ausspielen lassen und uns stattdessen politisch verbünden, haben wir die Macht, echte Veränderung herbeizuführen.

EINLEITUNG:
RASSISMUS UND KLASSISMUS IM DOPPELPACK

Ich schreibe in diesem Buch von meinen persönlichen Erfahrungen, und doch sind es nicht nur meine Geschichten. Es sind die Verbindungslinien von Millionen migrantischer Arbeiter*innenfamilien in Deutschland, die lange ausgeblendet, überhört oder als irrelevant dargestellt wurden. Doch heute sind die Stimmen von Schwarzen Menschen und People of Color nicht mehr so einfach zu ignorieren. Wir sind laut, wir sind wütend, und wir lassen uns nicht mehr unterdrücken. Wir wollen nie mehr leise sein. Wir bitten auch nicht mehr um irgendetwas. Wir fordern von der Gesellschaft und der Politik, sich mit unseren Perspektiven auseinanderzusetzen. Der Weg zu diesem neuen Selbstverständnis war lang und erkenntnisreich. In meinem Buch möchte ich euch auf einige Etappen mitnehmen, indem ich von meinen Beobachtungen und meinen Erfahrungen erzähle.

Vorab sei gesagt, dass ich dieses Buch nicht für eine bestimmte Leser*innenschaft schreibe. Dies ist kein »Dear White People«-Buch wie so viele, die es schon auf dem Markt gibt. Ich habe dieses Buch für mich und für »uns« geschrieben. Ohne zuvor genau definieren zu wollen, wer zu diesem »uns« eigentlich gehört. Wenn ich es doch tun müsste, würde ich sagen, dass ich mit »uns« insbesondere diejenigen meine, die das, was ich schreibe, aber vor allem das, was zwischen den Zeilen steht, fühlen können. Dieses Buch soll also von »uns« ausgehen, von all jenen, die fühlen, wie ich fühle, um letztendlich zu einem größeren »Wir« zu finden, das sich im Laufe meines Textes herausschälen wird. Es ist ein Wir, das nicht nur aus einer einzigen Geschichte besteht, sondern viele Perspektiven in sich vereint und über Grenzen hinausdenkt, um ein gemeinsames Ziel zu erreichen.

Auch ich schreibe hier nicht nur aus einer Perspektive. Ich bin nicht nur Schwarz und erlebe Rassismus, sondern bin gleichzeitig eine Schwarze Frau, die Sexismus ausgesetzt ist, und ein Arbeiter*innenkind, das sich mit Klassismus konfrontiert sieht. Heute bin ich außerdem Akademikerin und Teil der Mittelschicht. Wenn man von »Aufsteiger*innen« spricht, meint man meistens Menschen wie mich. Wie viele migrantische Eltern haben auch meine Eltern alles dafür getan, damit ich sozial und ökonomisch aufsteigen kann. Auf meinem Weg nach »oben« habe ich mich ständig gefragt, was dieser »Aufstieg« eigentlich bedeutet und warum wir alle unhinterfragt danach streben. So einfach ist diese Frage für mich auch heute nicht zu beantworten. Doch was ich weiß und jeden Tag spüre, ist, dass ich heute deutlich mehr Privilegien habe als meine Eltern. Alles richtig gemacht, könnte man meinen. Ein weiterer Beweis dafür, dass man hierzulande alles erreichen kann, wenn man sich nur anstrengt.

Nur leider habe ich gar keine Lust, als Erfolgsgeschichte herzuhalten. Im Gegenteil. Ich glaube weder an Aufstieg noch daran, dass alle alles erreichen können, und schon gar nicht, dass man sich Privilegien verdienen kann. Illusionen wie diese halten uns bloß davon ab, gesellschaftskritische Fragen zu stellen, Fragen, die strukturelle Diskriminierung und Unterdrückung in einem kapitalistischen System thematisieren. Warum zum Beispiel sprechen wir nicht über die Zusammenhänge von Rassismus und Klassismus, obwohl die rassistische Klassenausbeutung in unserem Alltag allgegenwärtig ist? 40 Prozent der Jobs im Niedriglohnsektor werden in Deutschland von Migrant*innen der ersten, zweiten, dritten Generation übernommen. Innerhalb dieser Gruppe werden wiederum Geflüchtete und rassifizierte Arbeitsmigrant*innen besonders brutal ausgebeutet. Einmal mehr wurden diese ausbeuterischen Strukturen an den Exzessen in der Fleischindustrie während des Corona-Lockdowns deutlich.[1] Oder wie kann es sein, dass die Bildungschancen von Kindern heute immer noch maßgeblich durch das Elternhaus bestimmt werden? Warum zementiert das Schulsystem die bestehende Ungleichheit in der Gesellschaft, statt sie aufzulösen? Und warum um alles in der Welt dulden wir eine Zweiklassengesellschaft in der Asylpolitik?

Ich möchte Antworten auf diese und weitere Fragen finden. Dabei suche ich nicht nach absoluten Wahrheiten oder der einen richtigen Lösung. Viel ehrlicher und wichtiger finde ich es, Perspektiven sichtbar zu machen, die in unserem üblichen Alltag unsichtbar bleiben. Perspektiven, die die aktuellen politischen, sozialen und kulturellen Kämpfe in einen anderen Kontext setzen, als die meisten es tun. Denn sie erzählen gleichermaßen von Verletzung, Enttäuschung und Wut, wie auch von Resilienz und Widerstand. Doch da hört die Komplexität nicht auf. Auch Ambivalenz und vermeintliche Widersprüche sind Teil meiner Erzählung. Ich finde, das kann gar nicht anders sein, weil uns bewusst sein muss, dass Unterdrückungsverhältnisse zwangsläufig Menschen dazu bringen sich anzupassen, um überleben zu können. Deshalb sind auch Widerstandstrategien so komplex und manchmal eben auch widersprüchlich – zum Beispiel, wenn es um die Gleichzeitigkeit von innerer Emanzipation und äußerer Integration geht.

Strukturelle Diskriminierung muss als etwas verstanden werden, das nicht von Einzelpersonen ausgeht, sondern von den gesellschaftlichen Machtstrukturen dahinter. Deshalb dürfen die aktuellen Forderungen nach mehr Repräsentation und Anerkennung von Minderheiten nicht als Ziel, sondern nur als Anfang von gesellschaftlichem Wandel verstanden werden. Menschen der neuen migrantischen Mittelschicht haben, wie die aktuellen Debatten um Rassismus oder Feminismus deutlich machen, das Potenzial, Veränderungsprozesse anzustoßen. Sie sitzen, symbolisch gesprochen, »mit am Tisch«. Doch dass wir, die neue migrantische Mittelschicht, nun mit am Tisch sitzen, ist nicht genug. Echte Veränderungen kommen nur zustande, wenn wir den alten, viel zu kleinen Tisch zertrümmern, um Platz zu machen für einen neuen großen Tisch, an dem wirklich alle Platz nehmen können.

Um diesen gesellschaftlichen Wandel herbeizuführen, um diesen neuen großen Tisch wahr werden zu lassen, braucht es ein Wir, das größer ist als die neue migrantische Mittelschicht. Es braucht ein Wir, das nicht damit zufrieden ist, wenn ein paar Chef*innenetagen diverser, manche Konsumhäuser barrierefrei und mehr FLINTA* in der Politik sind.

Ich will mit diesem Buch an genau dieses größeres Wir appellieren:

Wir, das sind alle, die die Abschaffung jeglicher Form von struktureller Diskriminierung, Unterdrückung und Ausbeutung fordern.

Wir, das sind alle, die gemeinsam gegen jede Form der Auf- und Abwertung kämpfen, bis wir kollektiv Denkkategorien wie »wertvoll« und »wertlos« oder »unterlegen« und »überlegen« dekonstruiert[2] und zerstört haben.

Um zu diesem größeren Wir zu kommen, müssen wir verstehen, welche Funktion die Verbindung von Rassismus und Klassismus im Kapitalismus erfüllt. Diese Erkenntnis, davon bin ich überzeugt, ist elementar, um zu einer neuen, gerechten Gesellschaft zu gelangen.

1. INTEGRATION

GESCHICHTEN VON SEGREGATION, UNTERDRÜCKUNG, RESILIENZ UND AUFSTIEG

DIE KINDER VON HINTERM HAUS

Dort, wo ich aufwuchs, duftete es überall nach Essen, in jeder Wohnung wurde eine andere Sprache gesprochen und die Migrationsgeschichte meiner Eltern war nur eine von vielen. Die Menschen in unserer Hochhaussiedlung kamen aus Eritrea, Palästina und Syrien, den Republiken der ehemaligen Sowjetunion, der Türkei und Kurdistan, Italien, Spanien und den Ländern Ex-Jugoslawiens. Menschen aus Vietnam, den USA, der Elfenbeinküste und auch Deutschland lebten alle dicht an dicht. Die meisten der Menschen kamen, so wie meine Eltern, in den frühen 80er Jahren nach Deutschland. Unsere Hochhaussiedlung war – ohne Romantisierung – ein Ort der Gleichheit, der Vielfalt und der Differenz. Die unterschiedlichen Sprachen, Religionen und Kulturen, aber auch Gender, Behinderungen, Einkommen oder der formelle Bildungsgrad der Menschen machten die Diversität in unserer Hochhaussiedlung aus. Viele unserer Unterschiede waren sichtbar, einige aber auch nur spürbar. Deshalb kann ich nur erahnen, wie sich die queeren migrantischen Kinder und Jugendlichen gefühlt haben. Oder welche Anpassungsstrategie die wenigen Kinder ohne Migrationsgeschichten entwickelten, um ihre Zugehörigkeit zu demonstrieren. Unsere Hochhaussiedlung war also nicht frei von gesellschaftlichen Zwängen, und dennoch bot sie all ihren Bewohner*innen ein Gefühl von Zugehörigkeit, die nicht auf Gleichheit basierte. Anders als Kinder, die in »weißen, bürgerlichen« Wohnorten aufwuchsen, lebten wir nie in der Illusion einer vermeintlichen Homogenität. Für uns war es so normal wie bereichernd, unterschiedlich zu sein. Wir haben gemeinsam gelacht, geweint und gestritten, uns auch mal geprügelt und wieder versöhnt.

Besonders gerne erinnere ich mich an die langen Sommertage »hinterm Haus«. So nannten wir den Ort zwischen den grauen Hochhäusern, wo keine Autos fuhren und unsere Eltern uns vom Fenster oder Balkon aus zum Essen rufen konnten. Wir haben »hinterm Haus« Baseball, Murmeln und Fangen gespielt. Haben Fahrrad- oder Rollschuhfahren gelernt und sind gummigehüpft.

Und ganz besonders gerne haben wir Klatschkarten gespielt. An jedem noch so kleinen, aber windstillen Ort, an dem es eine glatte Oberfläche gab, saßen wir kniend oder im Schneidersitz auf dem Boden und haben in die Hände oder auf den Asphalt geklatscht, um zu versuchen, die kleinen Sammelbilder von Panini umzudrehen. Wer es schaffte, durch den vom Klatschen erzeugten Luftzug eine oder sogar zwei Karten gleichzeitig zu wenden, hatte das Spiel gewonnen und durfte die Karten der anderen behalten. Meist spielten wir nur zu zweit, ohne Publikum. Doch wenn die Besten gegeneinander antraten, versammelten sich alle um sie herum. Von ihnen konnte man sich immer etwas abschauen, aber dafür mussten wir ganz still sein. Denn wer nicht aufpasste, konnte versehentlich einen kleinen, aber relevanten Luftzug auslösen, dadurch die Position der Karten verändern und somit das Spiel entscheiden. Wenn das passierte, durfte man nur noch von Weitem zuschauen. Manche verzockten vor den Augen aller anderen einen ganzen Stapel der wertvollen Karten. Aber das war nicht weiter schlimm. Spätestens, wenn jemand sagte: »Komm, lass uns spielen!«, und du keine Karten hattest, bekamst du ein paar geschenkt, damit das Duell trotzdem stattfinden konnte.

Diese Klatschkarten-Spiele waren schon richtig cool, aber mein persönliches Highlight waren unsere Gespräche über die »Mini Playback Show«. Nach jeder ausgestrahlten Show trafen wir uns am nächsten Tag, um über die Details der letzten Sendung zu sprechen und natürlich die Lieder nachzusingen. Wie damals wahrscheinlich alle Kinder mit Kabelanschluss träumten auch wir davon, einmal in der Zauberkugel in unseren Lieblings-Superstar verwandelt zu werden. Na ja, fast alle Kinder. Denn ich träumte eher davon, Teil der Ballettgruppe von Lucia Marthas zu sein, die für die spektakulären Tanzeinlagen bei der »Mini Playback Show« sorgte. In den 90er Jahren gab es im deutschen Fernsehen kaum Kinder, die so aussahen wie ich. Doch hier tanzten in jeder Show mindestens drei Schwarze Mädchen mit. Die Sendung war also unterhaltsam und empowernd zugleich, da wir uns zum Teil in den Kindern auf dem Bildschirm wiedererkennen konnten.[1]

Doch so viel mir die Show damals auch bedeutete, ist sie aus heutiger rassismuskritischer Perspektive eindeutig für das Blackfacing der Kinder zu beanstanden, das regelmäßig stattfand, wenn weiße Kinder beispielsweise Aretha Franklin oder

Prince präsentieren wollten. Blackfacing, also die Darstellung Schwarzer Menschen durch angemalte weiße Menschen, hat ihren Ursprung in den USA des 18. und 19. Jahrhunderts. In dieser Zeit fanden sogenannte »Minstrel Shows« statt, beliebte Musik- und Unterhaltungsveranstaltungen, für die weiße Menschen sich das Gesicht mit Farbe beschmierten, um auf der Bühne eine Schwarze Person zu mimen. Zur Unterhaltung eines weißen Publikums wurden in diesen Shows Sprache und Tanz von Afroamerikaner*innen karikiert – mit grotesk überzeichneter Gestik und Mimik und dicken roten Lippen.[2] Diese rassistische Praxis überdauert bis in unsere Zeit und ist noch immer besonders in den Niederlanden, in denen die »Mini Playback Show« produziert wurde, tief verwurzelt. Dort ist der »Zwarte Piet« – entsprechend dem deutschen Knecht Ruprecht – der Helfer des Heiligen Nikolaus. Er entspringt geradewegs einer Tradition aus dem 19. Jahrhundert und soll in der Weihnachtszeit in Blackface kleine Kinder zum Lachen bringen und ihnen Angst einjagen. Seit Jahren schon wird Blackfacing von Schwarzen Aktivist*innen und ihren Allies kritisiert, und dennoch weigern sich große Teile der niederländischen Bevölkerung, diese rassistische Praxis abzuschaffen.[3] Eine ähnliche Diskussion führen wir auch in Deutschland jedes Jahr aufs Neue am Feiertag »Heilige drei Könige«. Am 6. Januar ziehen deutschlandweit um die 300 000 Sternsinger*innen von Tür zu Tür, um Spenden für die Kirche zu sammeln. Auch hier wird traditionell weißen Kindern das Gesicht angemalt, wenn sie die Rolle von Caspar, dem tradiert Schwarzen unter den drei Königen, übernehmen sollen. Denn das Nachahmen von rassifizierten Menschen ist seit jeher ein großer Bestandteil weißer Kultur, wie Alice Hasters in ihrem Buch »Was weiße Menschen nicht über Rassismus hören wollen, aber wissen sollten« schreibt. In Bezug auf die Sternsinger*innen fragt die Schwarze Autorin zu Recht, warum die schwarze Farbe für die beabsichtigte Aussage unbedingt nötig sein soll. »Von mir würde doch auch niemand erwarten, dass ich nur mit weißer Farbe im Gesicht einen weißen Charakter verkörpern kann.«[4] Mittlerweile empfiehlt der Träger der Aktion Dreikönigssingen, der Bund der Deutschen Katholischen Jugend, auf seiner Homepage, auf schwarze Schminke zu verzichten. Trotzdem gehen jedes Jahr weiterhin schwarz geschminkte Kinder am 6. Januar von Tür zu Tür.

So empowernd die »Mini Playback Show« für mich damals also auch war, ist hieran zu erkennen, wie sich rassistische Strukturen bereits in den Alltag von Kindern einschleichen.

Was sich die weißen Kinder wohl gedacht haben, als sie von ihrer Kirche zum Spendensammeln in unsere Straße geschickt wurden? Dass unser Viertel von Außenstehenden nicht als ein Ort des sozialen Zusammenhalts und der Vielfalt wahrgenommen wurde, ahnten wir schon, als wir jung waren. Welchen Einfluss dies auf unseren weiteren Werdegang nehmen würde, realisierten wir damals aber noch lange nicht. Doch je älter wir wurden und je mehr migrantische Mittelschichtsfamilien unser Viertel verließen, desto mehr bekamen wir den strukturellen Rassismus und Klassismus der weißen Dominanzgesellschaft zu spüren. Sobald wir uns von unserem Schutzraum hinterm Haus entfernten, erlebten wir permanent, was strukturelle Diskriminierung, also die systematische gesellschaftliche Benachteiligung bestimmter Gruppen auf individueller, kultureller und institutioneller Ebene, in der Realität bedeutet: in der Schule, bei Behördengängen, beim Busfahren, beim Klamottenkaufen oder auf der Suche nach einer Ausbildungsstelle. Hinzu kam die im Laufe der Jahre immer weiter steigende Präsenz der Polizei in unserem Viertel. Vor allem die »Jungs« wurden ständig ohne ersichtlichen Grund auf offener Straße, vor den Augen aller Bewohner*innen kontrolliert und nicht selten komplett gefilzt. Die Polizei setzte offensichtlich auf Eskalation statt auf Deeskalation, um ihre Macht zu demonstrieren. Die herabsetzende und entwürdigende Botschaft dahinter war immer dieselbe: Ihr gehört hier nicht hin, und aus euch wird sowieso nichts. Und genauso verhielten sich einige der Jugendlichen dann auch. »Selbsterfüllende Prophezeiung« nennt sich dieses Phänomen bekanntermaßen. In diesem Fall lässt sie sich in drei Schritten erklären:

1. Die Medien erzeugen aufgrund rassistischer Vorannahmen ein falsches Bild von migrantischen Jugendlichen, indem sie zum Beispiel junge migrantische Männer als besonders aggressiv und kriminell veranlagt darstellen.

2. Durch die ständige Wiederholung dieser Falschinformation in den Medien verhält sich die weiße Dominanzgesellschaft im Kontakt mit migrantisch gelesenen Jugendlichen so, als seien diese tatsächlich aggressiv und kriminell – egal, was sie in diesem Moment tun. Dieses Verhalten äußert sich zum Beispiel immer dann, wenn weiße Menschen nach ihrer Handtasche greifen, sobald sich ein nicht-weißer Jugendlicher neben sie setzt.

3. Ein Teil der strukturell diskriminierten Personengruppe reagiert entsprechend auf das rassistische Verhalten, wobei die

Verteidigungsmechanismen der Jugendlichen aber nicht als Abwehr, sondern als Aggression wahrgenommen werden. Die schon im Ursprung falsche, rassistische Erwartung scheint sich dadurch zu bestätigen.[5]

Durch Rassismus wird auf diese Weise nicht nur die Fremdwahrnehmung, sondern auch das Selbstbild der migrantischen Jugendlichen beeinflusst.

Als wir Kinder waren, galt unsere Hochhaussiedlung als »Ausländerviertel«. Als Jugendliche lebten wir aber plötzlich an einem Ort, der als »sozialer Brennpunkt« bezeichnet wurde. Unser Viertel wurde also zunächst rassifiziert und dann klassifiziert. Um Stigmatisierung zu vermeiden, spricht man heute vermehrt von »benachteiligten Quartieren«. Meiner Meinung nach ändert dieser neue Begriff aber weder etwas an der Stigmatisierung der Menschen, noch an den rassistischen und klassistischen Strukturen, die zu einer solchen unfreiwilligen Segregation durch den Wohnort führten.

Die weißen Mittelschichtsfamilien in unserem Stadtteil hingegen segregierten sich freiwillig – von uns. Auf der Suche nach Homogenität zogen sie sich in wohlhabendere weiße Wohngegenden zurück. Diese Praxis der freiwilligen räumlichen Segregation, also die aktive Abgrenzung von Migrant*innen, von Armut Betroffenen und Arbeiter*innen durch die Wahl des Wohnorts, setzt vier Dinge voraus: Die eigene höherwertige Positionierung in einer Gesellschaft, die sich durch soziale Ungleichheit auszeichnet, internalisierten Rassismus, den Wunsch nach Homogenität in der Nachbarschaft und zuletzt das ökonomische Kapital, um sich den Wohnort aussuchen zu können.

Anders verhält es sich mit der erzwungenen Segregation marginalisierter Personengruppen. Rassifizierte Migrant*innen wie die meisten unserer Eltern konnten sich ihren Wohnort nicht selbst aussuchen. Meine Eltern wurden Anfang der 80er Jahre zunächst in einem Lager für Asylsuchende untergebracht und bekamen anschließend eine Sozialwohnung zugewiesen. In unserem Stadtteil waren die Eigentumswohnungen und Reihenhaussiedlungen der weißen deutschen Mittelschicht räumlich nicht weit entfernt von den Sozialwohnungen, in denen gefühlt nur Migrant*innen wohnten. Dennoch waren sie für meine Eltern damals unerreichbar. Auch dann noch, als sie Anfang der 90er Jahre ein solides Einkommen hatten und sich für eine Vierzimmerwohnung in einem Mehrfamilienhaus – in eben diesem Mittelschichtsviertel – interessierten. Nachdem befreundete Familien berichtet hatten, dass sie von der Hausverwaltung bereits abgewiesen worden waren, bewarben sich meine Eltern gar nicht erst um die Wohnung. Die Eigentümer*innen wollten keine Migrant*innen und schon gar keine Schwarze Familie in ihrer Wohnanlage, meine Eltern hatten also sowieso keine Chance. Stattdessen zogen wir in eine größere Sozialwohnung im Haus nebenan.

Im Gegensatz zu dieser Hausverwaltung und vermutlich vielen der weißen Menschen in diesem Mittelschichtsviertel war meinen Eltern die Nationalität ihrer Nachbarschaft gleichgültig. Diese Haltung spiegelt sich auch in Ergebnissen einer repräsentativen Umfrage wider, die 1980 und 1985 durchgeführt wurde und bei der ein Großteil der befragten Migrant*innen die Einstellung meiner Eltern teilte.[6]

Wer nun denkt, heute ginge es auf dem Wohnungsmarkt deutlich gerechter zu, irrt sich leider. Laut der aktuellsten Umfrage der Antidiskriminierungsstelle des Bundes geben mehr als ein Drittel der befragten migrantischen Menschen an, bei der Wohnungssuche Rassismus zu erfahren.[7] Der gängigste Diskriminierungsgrund hierbei sei ein »ausländisch klingender Nachname«. Wie zahlreiche Berichte über die Wohnsituation osteuropäischer Arbeitsmigrant*innen in deutschen Großstädten belegen, trifft es aktuell Arbeitsmigrant*innen aus Bulgarien und Rumänien besonders schlimm. Ähnlich wie die sogenannten »Gastarbeiter*innen« in den 1950er bis 1970er Jahren, müssen sie auch heute noch auf engem Raum in heruntergekommenen und sanierungsbedürftigen Unterkünften hausen. Der einzige Unterschied zu damals ist, dass die Unternehmen vor 50 Jahren dazu verpflichtet waren, für die Unterbringung der angeworbenen Arbeiter*innen zu sorgen. Heute müssen die Arbeitsmigrant*innen für diese schlechten Unterkünfte auf dem privaten Wohnungsmarkt auch noch überhöhte Preise zahlen. Obwohl Mietwucher offiziell verboten ist, ist die Vermietung baufälliger Bruchbuden an Arbeitsmigrant*innen ein lukratives Geschäftsmodell und wird dementsprechend dennoch durchgeführt.[8]

Segregation durch den Wohnort stellt vierzig Jahre nach meinem Aufwachsen in der Siedlung immer noch ein massives Problem in Deutschland dar. Die aktuelle Wohnungsnot verschärft die seit Jahrzehnten praktizierte Diskriminierung von Menschen mit Migrationsgeschichte auf dem Wohnungsmarkt noch zusätzlich.

Deshalb frage ich: Warum denken wir bei Segregation in

Deutschland reflexartig an »Parallelgesellschaften« oder »soziale Brennpunkte« und thematisieren in der breiten Öffentlichkeit das Verhalten der Menschen, die unfreiwillig in segregierten Viertel leben, auf so unwürdige Weise?

Die Antwort liegt für mich auf der Hand: Wir haben als Gesellschaft immer noch nicht verstanden, dass die faktisch existierende Segregation durch strukturelle Diskriminierung erzeugt wird und nicht durch das – vermutete oder tatsächliche – Verhalten der einzelnen Menschen, die in migrantischen Arbeiter*innenvierteln leben.

WIE WIR ZU »AUSLÄNDER*INNEN« WURDEN

Dass mich diese strukturelle Diskriminierung auch in der Schule treffen würde, wusste ich damals noch nicht. Wie für alle Kinder war auch für mich der Schulbeginn ein sehr großes Ereignis. Meine Gefühle schwankten zwischen Vorfreude und Sorge: *Würde es so sein wie im Kindergarten oder komplett anders? Wer würde in meine Klasse kommen? Wer würde uns unterrichten?* Der erste Schultag war auf jeden Fall eine richtig große Sache. So wie alle anderen Kinder trug auch ich meine besten Klamotten und machte mich mit meiner gesamten Familie zu der kleinen Grundschule in unserer Straße auf. Mit großen Augen, meinem Amigo-Schulranzen auf dem Rücken und einer Schultüte in der Hand kam ich mit meinen Eltern an. Dort wurden wir von den älteren Schulkindern mit einer kleinen Aufführung willkommen geheißen. Ein schöner Beginn, der mich nicht auf das vorbereitete, was noch kommen sollte.

Denn dass nicht alle Kinder gleichermaßen willkommen waren, wie es die Begrüßung suggeriert hatte, machte meine Klassenlehrerin bereits einige Wochen nach Schulbeginn unmissverständlich klar. Sobald sie die Klassenzimmertür geschlossen hatte, forderte sie absolute Ruhe. War es nicht prompt still, nahm sie sich stets eines von uns BIPoC-Kindern vor, um uns demütigende, rassistische Dinge an den Kopf zu werfen, die ich hier nicht wiederholen möchte. Selbstverständlich waren die weißen Schüler*innen auch nicht auf Knopfdruck leise, sie wurden nur nicht so zur Schau gestellt und auf solch herabsetzende Weise diszipliniert wie wir.

Es gab viele Situationen, die mich noch heute als erwachsene Person sprachlos zurücklassen. Manche sind mir besonders in Erinnerung geblieben. So wie diese: Es muss gegen Ende der zweiten Klasse gewesen sein. Wir hatten Matheunterricht, und unsere Klassenlehrerin rief eine Schwarze Schülerin auf. Sie stellte ihr eine Rechenaufgabe, die ungefähr so lautete: »Was machen 53 Äpfel minus 15 Äpfel?« Die Schülerin antwortete nach einigem Überlegen: »38?« Ich weiß noch, wie ich mitfieberte und mich freute, als sie die richtige Antwort hervorbrachte. Es war nämlich kein Geheimnis, dass die Lehrerin es auf diese eine Schülerin immer besonders abgesehen hatte. Sie hielt generell Schwarze Schüler*innen für nicht besonders intelligent, doch diese Schülerin hatte sie aus irgendeinem Grund besonders auf dem Kieker. Trotzdem überraschte es mich, als sie auf ihre richtige Antwort wütend erwiderte: »38 was?« Das Mädchen war ganz irritiert und zog verängstigt den Kopf zwischen die Schultern. Wahrscheinlich dachte sie, sie hätte sich verrechnet. Doch die Lehrerin brüllte einfach weiter: »38 Elefanten, oder was?« »Ja, 38 Elefanten«, erwiderte sie schließlich leise. Obwohl sie richtig gerechnet hatte, wurde die Schülerin am Ende als dumm dargestellt. Das Mädchen besuchte auf Empfehlung der Lehrerin ab dem nächsten Schuljahr die Förderschule.

Davon war ich noch mehr geschockt. Sie war nämlich in der Schule nicht schlechter als ich, nur manchmal etwas langsamer. Diese Entscheidung entsprach aber einem offensichtlichen Muster: Damals wurden einige von »uns« auf die Förderschule geschickt, aber meistens waren es die Jungs mit »schlechtem« Verhalten. Von nun an war uns klar, dass es alle treffen konnte. Es war wie eine gewaltige Drohkulisse, vor der wir alle standen. Also natürlich nur wir BIPoC-Kinder.

Der größte »Störenfried« in unserer Klasse war ein weißes, deutsches Kind. Ihm aber wurde nicht mit der Versetzung auf die Förderschule gedroht. Im Gegenteil: Unsere Lehrerin nahm stattdessen an, dass er hochbegabt sei und aus Unterforderung den Unterricht störte. Wir Schüler*innen wussten alle, dass das nicht der Fall war. Er konnte nur einfach nicht lange stillsitzen und sich ruhig verhalten – so wie viele von »uns« eben auch. Das Ergebnis des durchgeführten Hochbegabtentests bestätigte unsere Annahme. Trotz dieser offenkundigen Fehleinschätzung begegnete die Lehrerin den weißen unruhigen Schüler*innen auch künftig mit Verständnis, und uns BIPoC sanktionierte sie weiterhin mit gewohnter Härte. Sie wurde nicht müde, immer wieder durch Worte und Taten zum Ausdruck zu bringen, wer dazu gehörte und wer nicht. Sie war vollkommen davon überzeugt, dass Kinder von »Ausländer*innen« nicht so klug seien wie die von »Deutschen«.

Lange Zeit wurden Personen ohne deutschen Pass schlicht als »Ausländer*innen« bezeichnet. So wie die Worte »Inland« und »Ausland« sprachlich eine Grenzziehung zwischen staatlich markierten Territorien vornehmen, sollen die Begriffe »Ausländer*in« und »Inländer*in« eine Grenzziehung zwischen Menschen vornehmen. »Inländer*innen«, »Deutsche«, »Einheimische« bestimmen andere zu »Ausländer*innen«, also zu »Fremden«. Damit wird eine Vorstellung von Innen und Außen konstruiert, die auf einem völkischen Verständnis von Zugehörigkeit bzw. Nicht-Zugehörigkeit basiert.[9] Auch wenn der Begriff »Ausländer*innen« inzwischen außerhalb juristischer, staatsbürgerlicher oder rechter Kontexte vermieden wird, besteht das Konzept natürlich weiterhin, und Ersatzbegriffe wie »Menschen mit Migrationshintergrund« fußen immer noch auf der gleichen Ideologie von Zugehörigkeit bzw. Nicht-Zugehörigkeit. Im Zusammenhang mit Rassismus wird dieser Prozess der Fremdmachung als »Othering« beschrieben. Von Othering spricht man, wenn Menschen entlang rassistischer Markierungen wie Hautfarbe, Sprache, Religion oder auch Kultur als Gruppe konstruiert und abgewertet werden. Rassifizierte Menschen werden, unabhängig von ihrer Staatsangehörigkeit, als andersartig und fremd beschrieben, mit der Zielsetzung, ein »Wir« zu erzeugen, das sich ganz klar von den »Anderen« abgrenzt. Sind die »Anderen« wild, so ist das »Wir« zivilisiert.

Definitionen haben es meist an sich, dass sie sehr theoretisch sind, deshalb an dieser Stelle ein kurzes Beispiel von Paul Mecheril, einem renommierten Bildungswissenschaftler, das das Beschriebene leichter verständlich machen soll. Stellen wir uns vor, ein Schwarzer und ein weißer Mensch mit dem gleichen Bildungshintergrund ziehen von Frankreich nach Deutschland, um hier zu leben. Sie gelten beide als Migrant*innen und Ausländer*innen. Doch wird der Schwarze Mensch aller Wahrscheinlichkeit nach schlechtere Chancen auf dem Arbeit- und Wohnungsmarkt haben. Auch bei Behördengängen, in öffentlichen Verkehrsmitteln und im Kontakt mit der Polizei wird der Schwarze Mensch mit Sicherheit eine andere Behandlung erfahren als der weiße. Die Diskriminierungen des Schwarzen Menschen sind also nicht durch die Staatsbürgerschaft zu erklären, sondern durch eine machtvolle rassistische Erzählung, die besagt: Der*die Schwarze Französ*in ist dem Wesen nach etwas anderes als die*der weiße Französ*in. Auf dieser rassistischen Überlegenheitsphantasie basiert auch schon die Entstehung des Westens als Identitätskategorie und damit unter anderem auch die Rechtfertigung für den Kolonialismus. Auch wenn wir heute nicht mehr über »Rassen« sprechen, so findet sich die Rassenideologie immer noch in unseren gesellschaftlichen Strukturen wieder.

Unsere weiße deutsche Klassenlehrerin lehrte uns nur zu gut, was es heißt, in einer rassistisch strukturierten Gesellschaft aufzuwachsen. Sie machte uns mit ihrem gesamten Verhalten nicht nur permanent zu »Ausländer*innen«, sondern auch zu den »Anderen«.

Dass sie allerdings kein Problem mit allen »Ausländer*innen« – also allen, deren Eltern eine Migrationsgeschichte mitbrachten – hatte, sondern nur mit uns BIPoC-Kindern, lag aber nicht nur an unserer Hautfarbe oder dem Pass unserer Eltern. Auch die soziale Klasse, der wir zugewiesen wurden, war für sie ausschlaggebend.

Die meisten migrantischen Eltern meiner Mitschüler*innen kamen als schutz- oder arbeitssuchende Menschen nach Deutschland. Viele von ihnen hatten in ihrem Herkunftsland formell oder informell Qualifikationen erworben, die aber in der Regel in Deutschland nicht anerkannt wurden. Daher blieb ihnen nichts anderes übrig, als einer ungelernten Tätigkeit in zumeist industriellen Betrieben nachzugehen. Dort schufteten sie im Akkord, meist am Fließband im Schichtbetrieb, und erhielten dabei weniger Gehalt als ihre weißen deutschen Kolleg*innen.[10] Unsere Eltern wurden somit wirtschaftlich wie gesellschaftlich als migrantische Arbeiter*innenklasse positioniert.

Ein kleiner Teil der migrantischen Familien in unserem Viertel konnte diesen gesellschaftlichen Abwertungsprozess jedoch vermeiden. Bei einigen wenigen Akademiker*innen wurde der Studienabschluss anerkannt, so dass sie ihren Bildungsstatus in Deutschland aufrechterhalten konnten. In meiner Schule war das ausnahmslos bei »weiß gelesenen« Migrant*innenfamilien der Fall. Ihre Kinder hatten deutschklingende Vornamen wie Anna, Carolin oder David. Die meisten von ihnen kamen aus Osteuropa, und man konnte nur an ihrem Akzent erkennen, dass sie keine weißen Deutschen waren. Die Architekt*innen und Ingenieur*innen unter ihnen gehörten zu den wenigen, die durch ihre Migration keinen oder zumindest keinen radikalen sozialen Abstieg erlebt hatten. Sie waren aufgrund ihres finanziellen und kulturellen Kapitals von Anfang an Teil einer migrantischen Mittelschicht, und ihre Kinder kannten die Codes und Gepflogenheiten, die man benötigte, um als »gute Migrant*innen« zu gelten. So sagten sie immer schön »Bitte« und »Danke«, reagierten meist nicht impulsiv und waren nicht zu laut. Auch ich war nicht impulsiv oder laut und wusste mich zu benehmen, weshalb ich schnell Anschluss bei ihnen fand. Im Unterschied zu mir strahlten sie im Klassenzimmer allerdings immer eine gewisse Sicherheit aus, die mir fremd war. Denn für mich war die Grundschule kein Ort, an dem ich mich sicher fühlen konnte.

Die Kinder dieser migrantischen Mittelschichtseltern gingen wie die weißen deutschen Kids zum Ballettunterricht oder spielten Klavier. Auch teilten ihre Eltern die Einstellung, dass Kinder nicht oder nur sehr wenig fernsehen durften. Da die Schulbildung als solche generell essenzieller Teil der Mittelschichtskultur ist, profitierten an meiner Schule die Kinder der migrantischen Mittelschicht wie auch die weißen deutschen Mittelschichtskinder von den Privilegien ihrer Eltern – wenn auch nicht im exakt gleichen Ausmaß.[11] Bildungsklassismus greift also schon in frühen Jahren und bleibt den meisten Menschen, die negativ davon betroffen sind, unbegreiflich.[12]

Bei Schwarzen Kindern wie mir aus Arbeiter*innen-Haushalten verbindet sich Klassismus mit Rassismus, und beide bilden ein unentwirrbares Ganzes. Diese Art der Verwobenheit von mehreren Diskriminierungsformen nennt man Intersektionalität. Intersektionalität ist also weder eine Modeerscheinung des aktuellen Zeitgeistes noch ein theoretisches Hirngespinst, sondern beschreibt unter anderem die Lebensrealität vieler migrantischer Menschen. Wir wurden und werden vom Schulsystem also mehrfach diskriminiert. Wollten wir in der Schule bestehen, mussten wir die Gewohnheiten und die Sprache der weißen deutschen Mittelschicht erlernen, während wir gleichzeitig Strategien entwickeln sollten, um den Rassismus in der Schule auszuhalten.

Wer in meiner Grundschulzeit Rassismus und Klassismus mit einer Klappe schlagen wollte, hatte nur eine Möglichkeit: durch vollständige Assimilation zu einem »guten Ausländer*innenkind« zu werden. Denn diejenigen unter uns, die es schafften, nicht zu viel selbstständig zu denken, sondern sich im Prozess der Anpassung fast komplett auflösten, wurden für ihr »gutes« Verhalten belohnt. Zum Beispiel, indem sie nicht gleich bei jedem kleinen Regelverstoß bestraft wurden, wie es regelmäßig bei den »schlechten Ausländer*innenkindern« geschah. Sie galten als fleißig, und es blieb ihnen zumindest die Hoffnung auf gute Noten und eine bessere Zukunft.[13]

Für meine Eltern war – im Gegensatz zur üblichen Annahme gegenüber nicht-weißen Migrant*innen – Schulbildung sehr wichtig. Also wurde ich zu so einem »guten Ausländer*innenkind«. Ich war immer ruhig, fiel nicht auf und stellte die Autorität unserer Lehrkräfte nicht in Frage. Egal, wie rassistisch ihre Aussagen waren.

Ein weiterer der vielen rassistischen Kommentare ist mir besonders in Erinnerung geblieben. Wir waren endlich unsere alte Klassenlehrerin los und hatten viel Hoffnung darauf gesetzt, dass die neue Lehrkraft uns BIPoC-Kinder nicht mehr ständig diskriminieren und herabsetzen würde. Doch das entpuppte sich als Wunschtraum. Die neue Lehrerin war zwar nicht so von Hass durchdrungen wie die der ersten und zweiten Klasse, aber rassistisch allemal. Ich erinnere mich, wie ich einmal einen Text laut vorlesen musste, in dem das N-Wort vorkam. Es war ein Gefühl, als würde sich der Erdboden unter mir auftun. Mir wurde heiß, und ich begann zu schwitzen. Ganz offensichtlich wollte ich das Wort nicht aussprechen, aber es half alles nichts. Dabei war allen in der Klasse klar, dass das eine herabsetzende Bezeichnung ist. Nicht selten war genau dieses Wort Auslöser für Schlägereien auf dem Schulhof. Innerlich kochte ich: »Was für eine blöde Kuh, sie hat mich mit Absicht in diese erniedrigende Situation gebracht!« Doch bevor ich den Gedanken zu Ende denken konnte, kam mir ein Kind von hinterm Haus zu Hilfe. Manuel sagte laut und deutlich: »Das sagt man nicht. Das ist eine Beleidigung!« Ich hätte mich damals nie getraut, so etwas zu äußern. Doch Manuel konnte es nicht ertragen, dass wir draußen klare Standpunkte zu dem Thema vertraten und sie dann im Klassenzimmer einfach ausgehebelt wurden. Aber der Lehrerin war das egal. Sie bestand darauf, dass das Wort nicht herabwürdigend sei, sondern »ein Wort wie jedes andere«. Niemand traute sich mehr, ihr zu widersprechen. Doch das war auch gar nicht nötig. Manuel hatte seinen und unseren Standpunkt klargemacht, und alle hatten es gehört. Er war mutig gewesen und hatte sich mit mir solidarisiert. So wie es üblich war unter uns Kindern von hinterm Haus.

WILLKOMMEN IM CLUB DER AUSNAHMEN

Die Zeit in der Grundschule war für mich sehr prägend. Zum einen, weil ich ein sehr sensibles Kind war, das seine Umgebung sehr bewusst wahrnahm, und zum anderen, weil ich schon immer einen sehr ausgeprägten Sinn für Gerechtigkeit hatte. Beide Eigenschaften sind nicht besonders hilfreich in einem Schulsystem, das seit seiner Entstehung vor über 200 Jahren zum Ziel hat, eine ungerechte Klassengesellschaft aufrechtzuerhalten. Das dreigliedrige Schulsystem, mit dem Deutschland weltweit nahezu einzigartig dasteht, reflektiert die Drei-Klassen-Gesellschaft des 19. Jahrhunderts. Damals sprach man ehrlicherweise von der Volksschule, der Mittelschule und der Oberschule. Damit wurde sprachlich zum Ausdruck gebracht, dass der Staat für das einfache Volk, die Mittelschicht und die Oberschicht drei verschiedene Schulen vorgesehen hatte.[14] Heute verwendet man zwar die Bezeichnungen Hauptschule, Realschule und Gymnasium, dies ändert aber nichts daran, dass mit dem deutschen Schulsystem die bestehende Ungleichheit in der Gesellschaft nicht aufgelöst, sondern permanent reproduziert und zementiert wird.[15]

Aktuelle Erhebungen zeigen, dass sich am Klassismus im Schulsystem seit meiner eigenen Schulzeit kaum etwas geändert hat. Schüler*innen aus Arbeiter*innen-Haushalten oder Haushalten mit geringen finanziellen Mitteln besuchen eher »untere« Schultypen wie die Hauptschule. Dadurch machen sie schlechtere Abschlüsse, die wiederum weniger Wahlmöglichkeiten für einen gut bezahlten Beruf zulassen. Privilegierte Schüler*innen mit Eltern, die der Mittel- und Oberschicht angehören, besuchen hingegen meist die »oberen« Schultypen, also das Gymnasium. Dieses können sie mit Abitur abschließen und haben dann die Möglichkeit, eine weiterführende Ausbildung zu beginnen oder eine Universität zu besuchen.[16] Die Bildungschancen von Kindern werden also immer noch maßgeblich durch das Elternhaus bestimmt, und es findet eine klare Einstufung von »oben« nach »unten« statt.

Es ist quasi Teil und Ziel des Systems, dass am Ende des Wettkampfs in der Grundschule nur wenige mit Gymnasialempfehlung in der Hand auf dem Sieger*innentreppchen stehen. Abgesehen davon, dass die Sieger*innen in großen Teilen die mit dem »passenden« Elternhaus waren, habe ich mich in meiner kindlichen Naivität immer gefragt, warum das Ganze überhaupt ein Wettkampf um gute Noten sein muss. Warum wir nicht einfach alle dieselben Chancen haben und auf das Gymnasium gehen können. Natürlich würde damit das ganze althergebrachte Benotungssystem in sich zusammenbrechen und unserer Segregation die Basis entzogen. Aus diesem Gesichtspunkt heraus also eigentlich eine ziemlich gute Sache. Und es gibt schon seit vielen Jahre zahlreiche Gegenkonzepte zum herkömmlichen Schulsystem – manche mehr, manche weniger erfolgreich und ernstzunehmen als andere. Bis es aber tatsächlich zu einem umfassenden Wandel kommt, müssen wir uns wohl oder übel mit den Bewahrer*innen des Status quo auseinandersetzen. Hierzu ein sehr aktuelles Beispiel:

In den Coronajahren 2020 bis 2022 ist es an meinem heutigen Wohnort scheinbar zu mehr Durchlässigkeit in den Schulen gekommen, so dass mehr BIPoC-Kinder als sonst eine Empfehlung fürs Gymnasium erhielten. Darauf reagierten prompt die weißen Mittelschichtseltern mit Beschwerden an die Schulleitung: Auf dem Pausenhof ginge es zu wie auf der Hauptschule. Welche Gatekeeper*innen (Torwächter*innen) ich als Kind bei meinen Überlegungen zu mehr Gerechtigkeit im Schulsystem eindeutig nicht auf dem Schirm hatte, waren die Eltern der weißen Ober- und Mittelschichtskinder. Diejenigen, die den Status quo am dringlichsten beibehalten wollten. Wie groß die politische Macht der weißen Ober- und Mittelschichtseltern tatsächlich ist, zeigt sich eindrücklich am Beispiel der Schulreform in Hamburg. 2008 gab es den politischen Willen, das Schulsystem gerechter zu gestalten. Die radikalsten Pläne sahen vor, das dreigliedrige Schulsystem schrittweise komplett aufzulösen. Dafür gab es am Ende aber keinen parteiübergreifenden Konsens. Der Kompromissvorschlag bestand stattdessen nur noch darin, die Grundschule abzuschaffen und dafür eine Primarschule einzuführen, auf der alle Kinder sechs statt vier Jahre zusammen zur Schule gehen sollten – wie es auch in Berlin und Brandenburg schon lange der Fall ist. Ab der siebten Klasse sollte es dann nur noch zwei weiterführende Schulen geben: die sogenannte Stadtteilschule und das Gymnasium. Doch auch gegen diesen Vorschlag formierte sich Widerstand, bestehend aus einer Elterninitiative der weißen Mittel- und Oberschicht. Diese trug den auf den ersten Blick absurden Namen »Wir wollen lernen«. Wenn man ein wenig darüber nachdenkt, entpuppt sich schnell die Haltung der Menschen hinter der Initiative: **Wir**, die weißen privilegierten Eltern **wollen**, dass nur *unsere* Kinder **lernen** können.

Die Elterninitiative sprach vor allem Eltern aus Hamburgs Nobelvierteln an. Sie befürchteten, die Schulreform würde die Karrierechancen ihrer Kinder gefährden, da die Förderung der weniger privilegierten Kinder immer auf Kosten der privilegierten ginge. Sie haben das natürlich anders ausgedrückt: Die »leistungsstarken« Kinder würden unter den »schwachen« leiden, wenn sie nicht früh genug getrennt würden. Es ist immer das gleiche leidige Argument. Gleichzeitig ist da natürlich was dran – aber anders, als es die typischen weißen Mittelschichtseltern meinen: Echte Chancengleichheit in der Schule bedeutet faktisch den Verlust von Privilegien, die sich aus sozialer Ungleichheit ergeben. Dies hätte potenziell tatsächlich Auswirkungen auf die Karrierechancen und damit auch auf die ökonomischen Verhältnisse, die der sozialen Ungleichheit zugrunde liegen.

Deshalb setzten die Befürworter*innen von »Wir wollen lernen« alles in Bewegung, um die Idee von der Primarschule zu kippen, und das mit Erfolg: Seit 2010 gibt es zwar keine Haupt- oder Realschulen mehr in Hamburg, sondern stattdessen Stadtteilschulen. Aber weder das Gymnasium noch die Grundschule wurden durch die Schulreform abgeschafft.[17] Der Hamburger Schulreformprozess hatte sehr große Strahlkraft für ganz Deutschland und zeigte eines besonders deutlich: Wer Schule radikal verändern, sie gerechter machen will, bekommt den Zorn und die Macht der weißen Mittel- und Oberschicht zu spüren.

Wir Kinder von hinterm Haus haben früher nicht einmal im Traum daran gedacht, einmal Abitur zu machen. Für uns war die Realschule das höchste erreichbare Ziel, das mit ganz viel Fleiß und »gutem« Verhalten zumindest nicht unmöglich erschien. Aber selbst wenn wir uns richtig anstrengten, war da immer noch die rassistische, willkürliche Benotungspraxis an unserer Grundschule, gegen die wir nichts ausrichten konnten. Auch bei gleichen Leistungen bekamen wir nicht zwingend die gleichen Noten wie die weißen Mittelschichtskinder.

Das war nicht nur damals so, sondern zeigt sich auch heute noch. Unter anderem forschte die Universität Mannheim kürzlich zu genau diesem Thema: Eine aktuelle Studie untersuchte die Voreingenommenheit angehender Lehrkräfte bei der Leistungsbeurteilung. Die Untersuchungsergebnisse zeigen, dass Lehrkräfte die haargenau selbe Leistung von Schüler*innen mit unterstellter Migrationsgeschichte statistisch signifikant schlechter bewerteten als die von Schüler*innen, denen sie keine Migrationsgeschichte unterstellten. Die Studie bestätigt, was migrantische Kids wie ich damals schon erkannt haben: Rassismus spielt bei der Benotung eine große Rolle.[18]

An meiner Grundschule gab es nur eine einzige Lehrerin, die faire Noten an nicht-weiße Kinder verteilte – wenn es sowas wie »faire Noten« überhaupt gibt. Sie war meine Religionslehrerin und sprengte regelmäßig Notenkonferenzen, weil sie ausschließlich gute und sehr gute Noten vergab. Nicht, weil sie damit bewusst die Kultur des Benotens aushebeln wollte, sondern weil wir in ihrem Unterricht wirklich gut waren. Sie war eine begeisterte und begeisternde Lehrerin, die Spaß am Unterrichten hatte. Anders als andere Lehrer*innen begegnete sie all ihren Schüler*innen mit Würde und Respekt, und wir blühten in ihrem Fach regelrecht auf. Sie war eine Mischung aus Sozialarbeiterin und Lehrerin, die ihren Unterricht sehr ernst nahm. Genau wie wir auch. Nur leider hatte ihr Fach keine Auswirkungen auf die Empfehlungen für die weiterführende Schule.

In Deutsch und Mathe, also den zumindest im schulischen Kontext relevantesten Fächern, waren wir weiterhin bloße Objekte, die zu Einzelkämpfer*innen erzogen werden sollten.[19]

Besonders spürbar wurde das in der vierten Klasse. Alle Kinder strengten sich in diesem Jahr extrem an, um nicht auf die Hauptschule zu kommen. Wir waren zwar jung, aber wussten genau, dass ein Hauptschulabschluss keine gute Grundlage für unser späteres Leben sein würde. Der Leistungsdruck in der vierten Klasse war dementsprechend sehr hoch. Dennoch (oder gerade deswegen) wollte es mit den guten Noten bei mir einfach nicht klappen. Mathe lag mir zwar, gute Noten hatte ich trotzdem nicht. Und Deutsch war eine einzige Katastrophe. Nur in Verhalten hatte ich immer die Bestnote, weil ich so ein »nettes, liebes Mädchen« war. Deshalb bot mir die Mutter einer weißen deutschen Mitschülerin an, mir in Deutsch zu helfen. Meine Klassenlehrerin reagierte auf den Vorschlag sehr zurückhaltend. Obwohl mich nur wenige Kommastellen von einer Empfehlung für die Realschule trennten, tat sie so, als ob die Entscheidung bereits gefallen wäre. Doch ich gab nicht auf. Ich musste jede Chance nutzen, deshalb nahm ich das Angebot für den Nachhilfeunterricht an.

Die Nachhilfe fand einmal die Woche nach dem Mittagessen im Wohnzimmer der Familie statt. Ich erinnere mich noch genau daran, wie es dort roch. Ganz anders als bei uns. Manchmal waren sie noch nicht fertig mit dem Mittagessen, wenn ich kam. Dennoch wurde ich nie gefragt, ob ich mitessen wollte. Das fand ich aber auch grundsätzlich nicht so schlimm, auch wenn ich mich über das Verhalten wunderte, das so anders war als bei mir Zuhause. Nur einmal, als es Ravioli aus der Dose gab, hätte ich so gerne mitgegessen. Ich kannte die nur aus der Werbung und wollte unbedingt wissen, ob sie so schmeckten, wie ich es mir vorstellte. Aber sie kamen auch diesmal nicht auf die Idee, mir einen Teller anzubieten.

Insgesamt war der Nachhilfeunterricht nicht besonders effektiv. Ich saß im Wohnzimmer und machte Grammatikübungen, während sich die Mutter meiner Freundin um Haushalt und Kinder kümmerte. Zwischendurch sah sie nach mir und erklärte mir die nächste Aufgabe. Ich war wohl ihr kleines Charity-Projekt, mit dem sie nebenbei noch ihre Haushaltskasse aufbessern konnte. Die Mutter war alleinerziehend und entsprach somit nicht dem klassischen Ideal der bürgerlichen Kleinfamilie. Obwohl sie also im Vergleich zu vielen anderen weißen deutschen Familien über nicht ganz so viele Privilegien verfügte, war die soziale Hierarchie im Verhältnis zu meiner Familie doch sehr offensichtlich: Während ich zu einer fremden Familie gehen musste, um zu lernen, was meine Eltern mir angeblich nicht beibringen konnten, war meine Mitschülerin frei, konnte spielen und musste auch zum Lernen nicht ihr Zuhause verlassen. Die gleiche demütigende Hierarchisierung, die ich im Klassenzimmer spürte, fühlte ich auch im Wohnzimmer meiner Mitschülerin.

Trotz dieser denkbar schlechten Lernatmosphäre haben die zusätzlichen Übungen vielleicht ein wenig geholfen, aber es reichte nicht für den benötigten Notendurchschnitt für die Realschulempfehlung. Für meine Klassenlehrerin lag das Problem damit eindeutig bei mir. Mit dieser Begründung konnte sie ihrer Funktion als Gatekeeperin des Systems ohne schlechtes Gewissen gerecht werden. Sie sorgte weiterhin dafür, dass nicht zu viele von »uns« in den Genuss einer höheren Schulbildung kommen würden.[20] Sie sagte damals zu mir: »Lieber eine gute Hauptschülerin als eine schlechte Realschülerin.« Diese Aussage machte mich richtig wütend. Ich hätte alles getan, um auf die Realschule zu kommen. Natürlich wäre ich viel lieber eine schlechte Realschülerin als eine gute Hauptschülerin geworden. Aber angeblich sind wir ja eher »praktisch begabt«, so wie unsere Eltern, und deshalb auf der Hauptschule perfekt aufgehoben. Die Kinder auf dem Gymnasium hingegen seien eher »intellektuell begabt« – so wie eben auch ihre Eltern.[21] Übrigens sprach auch das Hauptschulgebäude nicht dafür, dass ich mich dort wohlfühlen würde: Im Gegensatz zum Gymnasium und zur Realschule, die bunt und lebhaft waren, wirkte die Hauptschule auf mich karg und kühl.

Alles in mir sträubte sich also gegen die Hauptschule. Doch es war nicht mehr zu verhindern. Ich hatte mein Ziel aufgrund weniger Kommastellen nicht erreicht. Also gab es für mich nur eine Möglichkeit: mich nochmal richtig anzustrengen, damit ich nach nur einem Jahr von der Hauptschule auf die Realschule wechseln könnte. Und tatsächlich, am Ende der fünften Klasse bekam ich eine Empfehlung für die Realschule – und das, obwohl ich eigentlich wieder nicht den benötigten Notendurchschnitt erreicht hatte. Mein Klassenlehrer begründete seine Entscheidung damit, dass die Hauptschule nicht der richtige Ort für mich sei. Auch wenn ich nicht genau verstand, was das heißen sollte, machte mich diese Nachricht zunächst überglücklich. Aber gleichzeitig fühlte es sich auch ziemlich schrecklich an, aus unerfindlichen Gründen besser behandelt zu werden als andere.

Noch schlimmer wurde das Gefühl, als wir am letzten Schultag der fünften Klasse in der Pause unsere Zeugnisse verglichen. Dabei fiel Manuel, der mit mir auf die Hauptschule gekommen war, auf, dass er in den Hauptfächern den gleichen Notendurchschnitt hatte wie ich. Wieder war er es, der die Ungerechtigkeit erkannte und aussprach. Anders als damals in der Grundschule war diesmal nicht ich es, die ungerecht behandelt wurde, sondern er war der Leidtragende, der trotz des gleichen Notendurchschnitts keine Empfehlung für die Realschule bekommen hatte. Das war unfair. Damit konfrontierte er unseren Klassenlehrer. Doch der speiste ihn damit ab, dass nicht nur die Noten, sondern auch das Verhalten zählen würden. Das war eine ziemlich haltlose Ausflucht, denn auch Manuel störte den Unterricht so gut wie nie. Also blieb die Frage: Warum hatte ich die Empfehlung bekommen und er nicht?

Erst nach einigen Jahren erfuhr ich den Grund: Zufällig traf ich meine alte Religionslehrerin aus der Grundschule wieder. Sie erzählte mir, dass sie es gewesen war, die damals meinen Klassenlehrer in der Hauptschule aufgesucht hatte. Sie hatte ihn davon überzeugt, mich für die Realschule zu empfehlen. Ich hätte es verdient, hatte sie gesagt, denn ich sei »so ein anständiges, nettes Kind«. Aber in Wahrheit hatte ich es nicht mehr oder weniger verdient als Manuel und alle anderen. Soziale Selektion kann man sich nicht verdienen. Im Fall von mir und Manuel gewann *weiblich, Schwarz, zurückhaltend* gegen *männlich, arabisch und selbstbewusst.*

Hin und wieder denke ich an meine Zeit auf der Hauptschule zurück. Ich frage mich, was die anderen heute machen und wie ihr Leben verlaufen wäre, wenn sie die gleiche Bevorzugung erfahren hätten wie ich. Vor allem denke ich an Manuel. Gerne würde ich mich dafür entschuldigen, dass ich damals nicht den Mut hatte, für ihn einzustehen, so wie er es in der Grundschule für mich getan hatte. Ich konnte mich damals nicht mit ihm solidarisieren, weil ich befürchtete, dafür bestraft zu werden. Ich hatte Angst, sie würden die Realschulempfehlung wieder zurückziehen. Ich hatte Angst, weil ich wusste, dass ich von nun an die eine Ausnahme sein würde – und aufsteigen durfte ich nur allein.

DIE VERSTECKTEN KOSTEN DES AUFSTIEGS

Der Weg für meine »zweite Sozialisierung« war nun geebnet. Ich kannte jetzt den Code für meinen schulischen und damit auch für meinen sozialen »Aufstieg«: anpassen, nicht auffallen, mitlaufen.[22] Mit dieser Strategie kam ich gut durch die Realschule und später durchs Fachabitur. Eigentlich wollte ich danach noch die 13. Klasse besuchen, studieren und Grundschullehrerin werden. Ich wollte es besser machen als die Lehrkräfte, die mich unterrichtet hatten. Ich wollte eine Lehrerin werden, die ihre Schüler*innen möglichst früh empowert. Ich stellte mir vor, wie ich jeden Tag mit positiven Affirmationen starten würde. Jedes Kind würde beim Eintritt in das Klassenzimmer ganz laut sagen: »Ich bin wertvoll und großartig, so wie ich bin.« Schlechte Noten gäbe es bei mir natürlich auch nicht. Doch am Ende des letzten Schuljahres schmiss ich den Plan, Lehrerin zu werden, doch wieder über den Haufen, weil mir die Gefahr zu groß war, auch als Erwachsene an den Strukturen der Schule zu scheitern. Als Lehrerin zu versagen – das hätte ich nicht verkraftet. Und da ich im Wirtschaftsunterricht nur knapp eine Eins verpasst hatte, beschloss ich kurzerhand, BWL an der Fachhochschule zu studieren.

Dort angekommen, freundete ich mich schnell mit anderen BIPoC meines Jahrgangs an. Da die meisten von ihnen wie ich aus Arbeiter*innenfamilien kamen, verstanden wir uns von Anfang an gut. Unsere geteilte Herkunft war eine hervorragende Basis, einander sympathisch zu finden. Wir teilten wie selbstverständlich unser Essen und unterstützten uns gegenseitig, weil wir genau spürten, dass wir einander brauchten. Obwohl wir damals noch nicht wussten, was Klassismus ist, hatten wir doch ein inneres Bewusstsein für Klassenzugehörigkeit. Zwar bot uns das Studium nun die Möglichkeit des sozialen »Aufstiegs«, aber gerade hier an der Hochschule war unsere Herkunftsklasse das verbindende Element. Das klingt in gewisser Weise ziemlich ironisch. Doch es ist recht typisch, dass Bildungsreisende meist einen hohen mentalen Preis für ihren »Aufstieg« zahlen: die ungewollte und oft schmerzvolle Erfahrung der Entfremdung von den Menschen, mit denen man aufgewachsen ist.[23] Unsere Freundschaft war Resonanz- und Schutzraum (Safer Space) zugleich und bot uns die Möglichkeit, die drohende Entfremdung zu vermeiden und uns gegenseitig zu erden.

Da wir fast alle als Erste aus unseren Familien studierten, halfen wir einander dabei, die vielfältigen Herausforderungen des Studiums zu meistern und alle nötigen Fähigkeiten zu erlernen, die andere schon von Zuhause mitbekamen. Wir brachten uns bei, wie man effizient Informationen aufnimmt und wiedergibt, wie man wissenschaftliche Arbeiten verfasst und, mindestens genauso wichtig, wie man BAföG-Formulare rechtzeitig und korrekt ausfüllt. Vor allem aber eigneten wir uns einen bestimmten Habitus an, begannen also, uns wie Akademiker*innen zu verhalten, zu denken und zu sprechen.[24]

Meine Uni war nicht weit von meinem Elternhaus entfernt, also fuhr ich jedes Wochenende nach Hause. Ich konnte dadurch nicht nur jede Woche meine Familie sehen, sondern auch meine alten Freundschaften aufrechterhalten. In meinem Freund*innenkreis hatten einige ebenfalls angefangen zu studieren, andere machten eine Ausbildung, wieder andere arbeiteten bereits in Vollzeit. Bei ihnen allen fühlte ich mich am wohlsten. Sie kannten mich, und ich kannte sie. Wir alle haben uns beruflich und privat ständig weiterentwickelt, aber wenn wir zusammen waren, fühlte es sich so an, als sei die Zeit stehengeblieben. Wir hatten die Illusion, dass wir unterschiedliche Wege gehen könnten und trotzdem zwischen uns immer alles gleich bleiben würde. Und zum Teil stimmte das auch, weil wir weiterhin gemeinsame Erfahrungen machten und die drohende Entfremdung damit abmilderten.

Wie viele Menschen, die sozial aufsteigen, verspürte auch ich das Bedürfnis und die Pflicht, meine Ressourcen mit anderen zu teilen.[25] Als Teil der afrikanischen Diaspora in Europa bedeutete dies für mich: »Back to the roots«. Schon als Kind hatte ich davon geträumt, zurückzukehren und etwas »Sinnvolles« auf dem afrikanischen Kontinent zu machen. Wie viele migrantische Familien sprachen auch meine Eltern ständig davon, irgendwann zurückzugehen. Nur leider war die Rückkehr nach Eritrea aus politischen Gründen nie eine reale Option. Also brauchte ich einen Plan B, der mich auf den afrikanischen Kontinent bringen würde, denn ich konnte mir in diesen Jahren nichts anderes vorstellen, als in einem afrikanischen Land für und mit meinen Schwarzen Geschwistern zu arbeiten. Ich hatte BWL studiert, also lag es für mich nahe, Ressourcen wie Sprache, Kontakte und Wissen, die in Europa zu Wohlstand geführt haben, in den Dienst derer zu stellen, die in unserem kapitalistischen System ausgebeutet werden. Wie naiv ich doch war.

Ich nahm also meine neu erworbenen Privilegien und absolvierte ein Praxissemester bei einer NGO in Uganda. Anders als bei meinen Praktika in Deutschland konnte ich dort kaum etwas Hilfreiches beitragen, aber genau diese Erfahrung war es, die mich nachhaltig prägte. Denn die Mitarbeitenden waren alle Vollprofis, und auch wenn ich sie nicht wirklich unterstützen konnte, gaben sie mir nie das Gefühl, ihnen zur Last zu fallen oder ihre Abläufe zu stören. Geduldig erklärten sie mir alle Arbeitsschritte und ermutigten mich, weiterzumachen, auch wenn ich Fehler machte. Die NGO hatte ihren Hauptsitz in Kampala und war von internationalen Organisationen umgeben. Im Gegensatz zu den meisten dieser Einrichtungen gab es in meiner keine weißen »Expats«, von denen es häufig nur so wimmelte. Expats nennt man Menschen wie mich, die aufgrund ihres Passes einfach in andere Länder reisen können, um dort zu leben und zu arbeiten. Nur sind Expats in der Regel weiß, was sehr häufig dazu führt, dass sie sich mit ihrem vermeintlichen »Wissen« in die Arbeit vor Ort einmischen, von der sie meist gar nichts verstehen. Die Auseinandersetzung mit weißen Expats blieb mir und den Menschen, mit denen ich zusammenarbeitete, erspart, so dass ich bei der NGO eine rundum positive, empowernde Erfahrung machte.

Leider wiederholte sich das bei meiner Tätigkeit für die heutige GIZ (Gesellschaft für Internationale Zusammenarbeit) in Ghana im Anschluss an mein Studium nicht. Und das ist noch nett ausgedrückt. Noch nie in meinem Leben habe ich so viel offenen Rassismus erlebt wie durch die weißen Expats, denen ich dort begegnete. Dank ihrer vergleichsweise sehr hohen Gehälter lebten sie in Accra ein luxuriöses Leben mit Hausangestellten, Nannys, Fahrer*innen und Gärtner*innen – ganz in der Tradition ihrer kolonialen Vorfahr*innen.[26] Ich erinnere mich an ein unerträgliches Gespräch zwischen zwei Kolleginnen, die damit prahlten, dass ihre Haushälterinnen endlich verstanden hätten, wie man gute Spätzle macht. Auch sonst sprachen sie sehr herablassend über die Menschen ihres Gastlandes. Sie lebten abgeschottet in »Gated Communities« und schafften sich dadurch eine Parallelwelt. Ich wusste, wie sich Segregation anfühlte – aber auf der anderen Seite. Doch hier saß ich nun, mitten in Accra, fast ausschließlich unter weißen Deutschen. Nie werde ich vergessen, wie fehl am Platze ich mich fühlte, als ich eines Sonntags zum gemeinsamen *Tatort*-Schauen eingeladen wurde. Ich schwöre euch, bis zu diesem Zeitpunkt wusste ich nicht einmal, dass der wöchentliche *Tatort* für Deutsche so ein großes Ding ist. Natürlich gab es auch über diese seltsame Tradition hinaus weitere Partys und Events für die weiße Expat-Community. Auf diesen Feiern ließen sie sich dann vorzugsweise ausgiebig über die Unfähigkeit ihrer ghanaischen Kolleg*innen aus. Sie bestätigten sich gegenseitig in ihrer weißen Überlegenheit, während sie sich gleichzeitig von Ghanaer*innen bedienen ließen. Ich fand es sehr verstörend mitzuerleben, wie meine Kolleg*innen ganz selbstverständlich einen so offensichtlich neokolonialen Lebensstil pflegten. Ganz nach dem Motto »ist die Katze einmal aus dem Sack« machten sie sich irgendwann auch nicht mehr die Mühe, ihre rassistischen Vorurteile vor mir zu verstecken. Ich war das aus Deutschland in einer viel subtileren Form gewöhnt – vor allem, wenn ich dabeistand. Doch für meine dortigen Kolleg*innen war auch das offensichtlich kein Problem. Ich war ja keine Ghanaerin, sondern eine Deutsche wie sie. Na ja, zumindest *fast* wie sie. Ich erkannte zu meinem Schrecken, wie perfide sich Rassismus doch an den Kontext anpasst.

Im Gegensatz zu meiner lehrreichen, schönen Zeit in Uganda bin ich in Ghana fast depressiv geworden. Ich konnte einfach nicht glauben, wie koloniale Strukturen unter dem Deckmantel der Entwicklungspolitik bis heute aufrechterhalten werden können. Entsetzt und angewidert von dem Erlebten machte ich mich nach meiner Rückkehr nach Deutschland auf den Weg nach Bonn – zur Zentrale der GIZ. Mit dem Ziel, die Mitarbeitenden mit meinen Beobachtungen zu konfrontierten, nahm ich an einem Rückkehrer*innentreffen teil. Ich setzte mein Vorhaben tatsächlich in die Tat um und warf den Anwesenden Kompliz*innenschaft an der Aufrechterhaltung von rassistischen, neokolonialen Strukturen vor. Ich wies sie auf ein System voller überflüssiger Jobs hin, das dazu dient, die strukturelle Abhängigkeit der Länder des globalen Südens aufrechtzuerhalten, um von der westlichen Politik des Ausbeutens abzulenken. Meine Vorwürfe lösten bei den Teilnehmenden des Treffens eine hitzige Diskussion aus, die aber, wie ich nicht anders erwartet hatte, natürlich nachhaltig nichts veränderte. Aber für mich persönlich stellte dieser Zeitpunkt eine

Wende in meinem Leben dar. Die Strategie der Anpassung, die ich mir als Schwarzes Kind in der Schule aneignen musste, hatte endgültig ausgedient.

Zynischerweise hatte meine Tätigkeit für die GIZ einen enorm zuträglichen Effekt auf meinen Lebenslauf.[27] Einerseits fand ich es furchtbar, auf dem Papier so zu tun, als ob meine Erlebnisse etwas Positives oder gar Erstrebenswertes darstellten, aber anderseits hatte ich mental einen hohen Preis dafür gezahlt. Also sollte sich diese Zeit auch irgendwie auszahlen. Und so kam es auch. Aufgrund meiner internationalen Arbeitserfahrung wurde mir eine gut bezahlte Leitungsstelle angeboten. Meine Erfolgsstory schien sich von selbst weiterzuschreiben.

Ich war nun Teil der »neuen Mittelschicht« und verfügte neben meinem akademischen Bildungsabschluss auch über hohes kulturelles Kapital.[28] Ich pflegte einen privilegierten Lebensstil und verdiente mehr Geld, als ich ausgab. Ein Jahr zuvor hatte ich noch von weniger als 1.000 Euro im Monat gelebt, und jetzt stand mir auf einmal fast das Dreifache zur Verfügung. Neben einem Gefühl einer gewissen Sicherheit bereitete mir das irgendwie auch ein schlechtes Gewissen – denn dort, wo ich herkomme, ernähren viele mit einem solchen Gehalt eine ganze Familie. Durch diese Tatsache begann ich zu verstehen, wie ungerecht der Wohlstand in unserer kapitalistischen Gesellschaft verteilt ist. Noch heute finde ich es unbegreiflich, wie sich Menschen in systemrelevanten Jobs wie Pflege, Gesundheitsversorgung, Verkauf oder Reinigung kaputtarbeiten und trotzdem kaum über die Runden kommen, während Manager*innen mit »Bullshit Jobs« und Kapitaleigner*innen den Gewinn abschöpfen und durch die Arbeitskraft jener meist prekär beschäftigten Arbeiter*innen immer reicher werden.

Da ich zum damaligen Zeitpunkt noch keine Kinder hatte, konnte ich mit meinem Gehalt mein BAföG zurückzahlen, meine Familie unterstützen und sogar noch etwas zur Seite legen.

Gleichzeitig machte mich mein neues Leben müde. Ich war müde vom ständigen Performen eines Ichs, dass sich nicht anfühlte wie ich. Und ich kam auch nicht raus aus dieser »Rolle«, denn ich lebte in einer Stadt, in der niemand mein anderes Ich kannte. Niemand kannte das migrantische Arbeiter*innenkind in mir, niemand kannte die Geschichten von hinterm Haus oder wusste, wie es duftete, wenn meine Mutter zu Hause groß auftischte. Niemand wusste, dass ich auch anders Deutsch sprechen kann oder dass ich mich mit allen Reinigungskräften, Handwerker*innen und Servicekräften, die ich traf, verbundener fühlte als mit den meisten meiner Kolleg*innen. Kurz gesagt: Niemand wusste, wie ich sozialisiert worden war. Und weil ich mittlerweile wirklich gut im Performen war, gingen die Menschen in meinem neuen Mittelschichtsumfeld einfach davon aus, ich sei wie sie. Ich aber hörte mich ständig zu mir selbst sagen: »Ich bin nicht wie ihr!« Zum Beispiel, wenn ich mit Kolleg*innen Mittagessen ging und sie über Witze lachten, über die ich nicht lachen wollte, weil sie oft einfach nur klassistisch waren. Mein Freund*innenkreis zu Hause war migrantisch und divers, hier in meiner neuen Mittelschichtsblase waren auf einmal alle weiß oder taten zumindest so als ob – wie ich selbst eben auch.

Das ständige Performen erschöpfte mich immer mehr, also fuhr ich immer öfter nach Hause. Mein altes Zuhause, meine alten Freund*innen, meine Eltern und meine Geschwister waren meine Energiequelle. Nur dort konnte ich einfach ich sein – auch wenn ich noch nicht so genau wusste, wer dieses »Ich« eigentlich war.

Doch irgendwann reichte es mir nicht mehr, nur zu Hause aufzutanken, und ich fing an, nach einer Exit-Strategie aus meinem neuen Leben zu suchen. Ich hatte ja für mich schon alles erreicht. Ich war aufgestiegen und hatte den Beweis, dass »die da oben« nicht klüger oder besser sind als »die da unten«. Im Gegenteil! Ich hatte den Mythos vom Aufstieg für mich dekonstruiert. Alle, mit denen ich aufgewachsen bin, hätten das Gleiche erreichen können wie ich, wenn sie dieselben Chancen und Privilegien bekommen hätten.

Doch einmal auf der Erfolgsschiene angekommen, gestaltete sich der Absprung schwieriger als erwartet. Wer arbeitet schon 20 Jahre auf etwas hin, um genau dann, wenn sich der Erfolg und das Geld einstellen, wieder aufzuhören? Genau, niemand. Oder?

2. EMANZIPATION

WIR DEKONSTRUIEREN DIE MITTELSCHICHT

WAS DIE WEISSE MITTELSCHICHT NICHT HÖREN WILL, ABER WISSEN SOLLTE

Um zu verstehen, welche Mechanismen bei der Überschneidung von Rassismus und Klassismus, von der ich in den vorangegangenen Kapiteln erzählt habe, greifen, müssen wir uns die gesellschaftlichen Praktiken und Strukturen, die unser Zusammenleben prägen, genauer ansehen. Dazu gehört auch, sich mit der eigenen gesellschaftlichen Positionierung zu beschäftigen. Eine ehrliche und kritische Reflexion der eigenen Privilegien, aber auch der Blick auf eigene Diskriminierungserfahrungen sind nie einfach. Weiße Menschen, die beginnen, sich mit Rassismus auseinanderzusetzen, reagieren in der Regel zuallererst mit Abwehr und im nächsten Schritt mit starken Gefühlen wie Scham und Schuld. Sie müssen viele unangenehme Emotionen aushalten, bevor sie ihr »Happy Land« verlassen können – so nennt die Autorin Tupoka Ogette den Zustand, in dem sich weiße Menschen befinden, bevor sie sich bewusst mit Rassismus (und anderen Diskriminierungsformen) beschäftigen. Am Ende des Lernprozesses angekommen, beginnen sie zu erkennen, wie wirkmächtig Rassismus als System ist und wie tief sie (gewollt oder ungewollt) darin verstrickt sind.[1] Als weißer Mensch das eigene Verhalten und die privilegierte Position in einer rassistisch geprägten Gesellschaft anzuerkennen, ist wesentlich, um eine antirassistische Haltung zu erlangen. Weiße Menschen müssen also lernen, was es heißt, weiß zu sein.

Ähnlich verhält es sich auch mit der Reflexion von Klassismus. Um die stukturelle Diskriminierung aufgrund des sozialen Status zu verstehen, braucht man erst mal ein Bewusstsein für die eigene Klassenzugehörigkeit bzw. die von außen zugewiesene Klasse. Zum Klassenbegriff, aber auch zur Unterscheidung von Klassen und ihren jeweiligen Funktionen, gibt es unterschiedliche Theorien, auf die ich im Weiteren kurz eingehen möchte – aber nur soweit sie für unseren Kontext wichtig sind. Mir geht es an dieser Stelle explizit nicht darum, in eine meist akademisch geführte Debatte um Klasse, Klassenanalyse und Klassentheorien einzusteigen, mit denen man ganze Bücherregale füllen könnte. Vielmehr will ich für Menschen, die sich bisher nicht mit diesem Thema befasst haben, einen Rahmen schaffen, um diskriminierende Alltagserfahrungen im Kontext von Macht- und Herrschaftsverhältnissen in unserer Migrationsgesellschaft einzuordnen.

Lange Zeit wurde in Deutschland das Märchen einer klassenlosen Gesellschaft verbreitet, in der alle an derselben Stelle im gleichen Boot sitzen – also in der Mitte. Auch wenn der Mythos der Mittelschichtsgesellschaft nie die real existierenden Verhältnisse abbildete, glaubte ein Großteil der Bevölkerung an das Versprechen, jeder Mensch könne mit etwas Fleiß zu Wohlstand kommen. Dieser Mythos wurde nicht zuletzt durch die ständige Verwendung des Begriffs »Mitte« in Politik und Medien verbreitet.[2]

Dass in Wissenschaft, Literatur und Gesellschaft wieder vermehrt von Klassen und Klassengesellschaft gesprochen wird, hängt in erster Linie damit zusammen, dass die negativen Auswirkungen des Kapitalismus nun auch in Deutschland kaum zu übersehen sind. Während die Reichen immer reicher werden, können immer weniger Menschen von ihrer Lohnarbeit leben. Kurz gesagt: »Die soziale Frage« wird immer drängender.[3]

Im allgemeinen Sprachgebrauch – und unter Rückgriff auf ein seit dem Mittelalter tradiertes staats- und später gesellschaftstheoretisches Konzept – wird in Bezug auf soziale Ungleichheit in der Regel von einer Dreiteilung der Gesellschaft ausgegangen. Deshalb werde ich diese Vorstellung der Einfachheit halber beibehalten und in den Klassendiskurs übersetzen. Vereinfacht gesagt, gibt es also drei soziale Klassen: die obere, die mittlere und die Arbeiter*innenklasse.

Auch wenn die Arbeiter*innenklasse heute zersplitterter ist als noch zur Zeit der Hochindustrialisierung, in der sie entstand, gibt es immer noch sehr viele Arbeiter*innen in Deutschland. Das sind neben den klassischen Arbeiter*innen in industriellen Unternehmen auch Menschen, die zum Beispiel reinigen, verkaufen, kassieren, pflegen, ernten oder transportieren. Also genau die Menschen, die wir seit der Corona-Zeit als »systemrelevant« bezeichnen und trotzdem weiter ausbeuten.

In unserem dreigliedrigen Klassenmodell kann man vereinfacht sagen, dass die Mittel- und Oberschicht, wenn auch in unterschiedlichem Ausmaß, von der Ausbeutung und sozialen Herabsetzung der Arbeiter*innenklasse profitieren.

Um diese recht plakative Aussage besser einordnen zu können, will ich an dieser Stelle kurz auf die Klassentheorie von Karl Marx eingehen. Nach Marx entstehen im Kapitalismus soziale Klassen durch die ungleiche Verteilung von Ressourcen, also Kapital. Dabei versteht er unter diesem Kapital den Besitz bzw. Nicht-Besitz von Produktionsmitteln (Maschinen, Gebäude, Rohstoffe, Geld). In seiner Theorie bilden die Besitzer*innen von Produktionsmitteln die kapitalistische Klasse, wohingegen die nicht-besitzende Klasse ihre Arbeitskraft verkaufen muss und damit die Arbeiter*innenklasse darstellt. Die Beziehung der beiden Klassen zueinander ist im Kapitalismus von Ausbeutungsverhältnissen geprägt: Der von den Arbeiter*innen geschaffene wirtschaftliche Mehrwert wird abgeschöpft und führt zu Eigentum und Reichtum der Kapitalist*innen.[4] Indem die Kapitalist*innen diesen unrechtmäßig erworbenen Besitz legal an ihre Nachkommen vererben können, institutionalisiert und manifestiert sich das System der Ungleichheit und unterläuft jede Möglichkeit der ökonomischen Chancengleichheit.[5]

Heute sind die Kapitalist*innen der Oberschicht Teil der Klasse mit dem höchsten sozialen Status. Sie gehören zumeist zu den reichsten Menschen der Gesellschaft und haben die meiste Macht. Das reichste 1 Prozent der Oberschicht besitzt mittlerweile 25 Prozent aller Vermögenswerte. Im Vergleich dazu teilt sich die Hälfte der Bevölkerung in Deutschland gerade einmal 3 Prozent des Gesamtvermögens.[6]

Dass diese Anhäufung von Macht, Privilegien und Geld auf

der massiven Ausbeutung der Arbeiter*innenklasse fußt, liegt, auch wenn man die Theorien von Karl Marx nicht kennt, ziemlich klar auf der Hand und dürfte eigentlich jedem*r bewusst sein.

Worüber sich viele in unserer Gesellschaft aber weniger im Klaren sind, ist das Verhältnis zwischen Mittelschicht und Arbeiter*innenklasse. Das ist eine Leerstelle, die ich in meiner weiteren Ausführung aufzeigen und füllen möchte.

Die Mittelschicht stand in Deutschland lange Zeit dafür, »weder arm noch reich« zu sein – wirtschaftlich weder benachteiligt, noch privilegiert. Eine Art neutraler, unsichtbarer Norm, die nicht wirklich einer Klasse zugeordnet werden muss. Die Privilegien der Mittelschicht allein aus finanzieller Perspektive zu betrachten, greift für unseren Kontext aber zu kurz. Denn der Status einer sozialen Klasse wird nicht nur von Einkommen, Geld oder Vermögen, also dem ökonomischen Kapital, bestimmt. Laut dem Soziologen Pierre Bourdieu spielen auch einflussreiche Beziehungen und Netzwerke, die das soziale Kapital ausmachen, und kulturelles Kapital in Form von Bildung, eine wichtige Rolle für den gesellschaftlichen Status einer Klasse.[7] Dass die Klassenposition nicht nur eine Frage des Geldes ist, bringt die Schriftstellerin und frühere Aktivistin Rita Mae Brown folgendermaßen zum Ausdruck:

»Klasse beinhaltet dein Verhalten, deine Grundeinstellung, wie dir beigebracht wurde, dich zu verhalten, welche Erwartungshaltung du an dich selbst und an andere hast, deine Vorstellung von der Zukunft, wie du Probleme angehst und löst, wie du denkst, fühlst und handelst.«[8]

Entgegen der Eigenwahrnehmung vieler weißer Menschen aus der Mittelschicht, allen voran aus der weißen *akademischen* Mittelschicht, verfügen sie über vergleichsweise viel gesellschaftliche Macht. Egal, ob in Bildung, Unterhaltung, Medien oder Politik: All das wird geprägt durch das gemeinsame Einverständnis der Mittelschicht, »das sich über Macht, Geld, Habitus (Art des Auftretens, Benehmens und bestimmter Gewohnheiten) oder Besitz definiert«.[9] Fast die gesamte Ausrichtung unserer Gesellschaft orientiert sich an der Mittelschichtskultur. Oder, anders gesagt: Alles, was die Mittelschicht ausmacht, gilt in unserer Gesellschaft unhinterfragt als erstrebenswert. Und das macht sie alles andere als neutral und unsichtbar. Dennoch vertreten selbst die Progressivsten unter ihnen immer noch die Haltung: »Ich bin zwar privilegiert, aber immerhin nicht reich.«[10] Das finde ich sehr bezeichnend, und das nicht nur, weil selbst reiche Menschen wie Friedrich Merz sich nie als solche bezeichnen, sondern immer von sich als Teil der Mitte sprechen. Abgesehen von der Diskussion, wer als reich gilt und wer nicht, hat die weiße Mittelschicht scheinbar nicht verstanden, dass das Privileg, als unmarkierte Norm zu gelten, in unserer Gesellschaft automatisch immer mit eigener Macht und der Diskriminierung anderer einhergeht. Sie hat auch nicht verstanden, dass ihre Privilegien mit Aufwertung verbunden sind, die an anderer Stelle Abwertung und Aberkennungsprozesse bedeuten. »Ich bin zwar privilegiert, aber immerhin nicht reich« ist nicht nur ein irgendwie dahingesagter Satz. Vielmehr drückt er die allgemeine Haltung der weißen Mittelschicht aus und verdeutlicht, mit welcher Leichtigkeit sie durchs Leben geht – genau *wegen* ihrer Privilegien. Dazu passt auch, dass sich die weiße Mittelschicht so verhält, als stünde ihnen ihre gesellschaftliche Stellung unhinterfragt zu. In dieser Vorstellung sind diejenigen, die über keine Klassenprivilegien verfügen, selbst daran schuld. So der dadurch reproduzierte Mythos oder, besser gesagt, die Lüge des Neoliberalismus. Diese Auffassung setzt nämlich voraus, dass alle Menschen mit den gleichen Chancen geboren werden. Und das ist, wie das erste Kapitel gezeigt hat, in Deutschland nicht der Fall – nicht mal für weiße Menschen.[11]

Im Kontext von Rassismus und Klassismus stellt die weiße Mittelschicht also eine Art doppelter Norm dar. Ihr Weißsein bildet in Bezug auf Rassismus die Gruppe ab, die nicht benannt werden muss, im Gegensatz zu nicht-weißen Menschen die immer als solche bezeichnet und als »anders« konstruiert werden. Und das Gleiche gilt für ihre Klassenzugehörigkeit. Zwar wird die Mittelschicht benannt, doch handelt es sich hierbei nicht um eine negative Markierung. Vielmehr steht ihre Benennung für eine neutrale Gruppe, die eigentlich gar keine Klassenzuweisung benötigt. Die migrantische Mittelschicht hingegen bleibt in einer von Rassismus geprägten (globalen) Ordnung immer auch rassistisch markiert. Sie kann damit nie den Status einer neutralen unsichtbaren Norm erreichen. Das heißt nicht, dass die migrantische Mittelschicht der weißen Mittelschicht nicht nacheifern würde und damit (bewusst oder unbewusst) die Klassenverhältnisse stabilisiert.

Ich möchte an dieser Stelle anmerken, dass es mir bei meiner Verwendung des Begriffs der weißen Mittelschicht explizit nicht um die Bewertung von individuellem Verhalten geht, sondern um Dekonstruktion von und Kritik an historisch gewachsenen Dominanzverhältnissen im Kapitalismus. Somit können, wie bereits erwähnt, selbstverständlich auch nichtweiße Menschen die Dominanzkultur der weißen Mittelschicht (bewusst oder unbewusst) verinnerlichen und reproduzieren. Und auch weiße Menschen werden durch die Dominanz der weißen Mittelschicht negativ getroffen. All das bleibt bei meinen weiteren Ausführungen immer im Hinterkopf zu behalten.

Ist euch beim Lesen des ersten Abschnittes irgendwas aufgefallen? Richtig, im Vergleich zu den ersten Kapiteln ist der obere Abschnitt sehr theorielastig, und auch meine Ausdruckweise ist dort eine andere. Viel akademischer, weniger allgemeinverständlich. Es war eine bewusste Entscheidung, den Text genau so zu schreiben. Weil ich um die Macht von wissenschaftlich klingenden Texten weiß. Ihre Legitimität und ihr Wahrheitsanspruch wird im Vergleich zu anderen Formen der Wissensproduktion, die, by the way, nie objektiv ist, nicht infrage gestellt. Und wenn dann noch auf renommierte weiße Denker, wie in meinem Fall Marx und Bourdieu, Bezug genommen wird, erhält das Geschriebene noch mehr Akzeptanz und Anerkennung.

Kritisches Wissen und Theorien über gesellschaftliche Unterdrückungsmechanismen sind wichtig. Sie können empowern und helfen, die eigenen Erfahrungen besser einzuordnen. Im besten Fall erzeugen sie ein Gefühl von »ich bin nicht das Problem« oder »ich steh damit nicht alleine da«, aus denen dann gesellschaftliche Widerstandsformen erwachsen können. Deshalb sollten sie nicht nur innerhalb einer akademischen Elite produziert und geteilt werden, die durch Sprache und Habitus bewusst ausschließt. Auch das wollte ich mit dem obigen Abschnitt verdeutlichen. Und weil Orte der Wissensproduktion (z. B. Hochschulen) nicht so schnell ihre Tore für alle Menschen öffnen werden, sollten die Menschen, die den Zugang dazu haben, ihre Macht nutzen und zu einer klaren, verständlichen Sprache übergehen. Was ich damit aber explizit nicht sagen will, ist, dass Menschen ohne Hochschulabschluss komplexe Theorien nicht verstehen könnten und man deshalb das Niveau herabsetzen sollte. Eine solche Sichtweise ist per se diskriminierend und kommt zudem sehr paternalistisch und bevormundend daher. Das Einzige, was wirklich und für alle zu komplex ist, um begriffen zu werden, sind Formulare der deutschen Bürokratie – aber auch das ist nicht zufällig so.

KONSUM IM KAPITALISMUS

Wir alle haben menschliche Bedürfnisse. Neben den essenziellen, also den zum Überleben wichtigen Grundbedürfnissen, wie Essen, Trinken, Bekleidung und Wohnen, haben wir auch das Bedürfnis nach Schutz, körperlicher und mentaler Unversehrtheit, formeller Bildung, Sexualität und Attraktivität, Selbstbestimmung, Zugehörigkeit oder gesellschaftlicher Anerkennung. Bedürfnisse sind aber keinesfalls individuell oder zeitlos, sondern historisch sowie gesellschaftlich geprägt und damit weder richtig noch falsch. Wenn Menschen sich ihre Bedürfnisstruktur also nicht selbst aussuchen, dann dürfen diese auch nicht unreflektiert kritisiert werden. Zum Beispiel: Ein Auto kann viele unterschiedliche Bedürfnisse befriedigen. Es erleichtert die Mobilität, kann auf andere attraktiv wirken und den gesellschaftlichen Status symbolisieren. Für FLINTA* spielt z. B. aber auch der Sicherheitsfaktor eine wichtige Rolle beim Kauf eines Fahrzeugs. Weil sie in öffentlichen Verkehrsmitteln, vor allem nachts, oftmals nicht vor verbalen, körperlichen und sexuellen Angriffen geschützt sind, fühlen sie sich in einem eigenen Auto oft sicherer, während ihnen die Symbolkraft eines Autos komplett egal sein kann.

Was auch immer der Bedürfnisbefriedigung zugrunde liegt – dass sie in unserer kapitalistischen Gesellschaft zwangsläufig mit Konsum verbunden ist, kann sehr wohl kritisiert werden. Denn Menschen werden im Kapitalismus nicht einfach nur für ihr Mensch-Sein anerkannt, sondern sie müssen Waren kaufen und konsumieren, um gesellschaftlichen Status zu erlangen.

Wie Konsumverhalten zur Auf- und Abwertung sozialer Klassen eingesetzt wird, will ich anhand von zwei Beispiel deutlich machen.

Die sogenannte Öko-Bourgeoisie fährt Fahrrad, besitzt in der Regel keinen Fernseher und propagiert Konsumverzicht. Und wenn doch konsumiert werden muss, dann bitte mit Bedacht. Nachhaltig, bio oder secondhand – der Umwelt zuliebe.

Vor allem in der akademischen Mittelschicht ist in den letzten Jahren dieses veränderte Konsumverhalten zu beobachten. Dahinter stecken meiner Erfahrung nach zwei Motive. Vordergründig lässt sich dieser Wertewandel durch ein gestiegenes Bewusstsein für Umweltthemen erklären. Die viel interessantere Motivation aber liegt in der dadurch eröffneten Möglichkeit der gesellschaftlichen Abgrenzung. Nachhaltigkeit, Minimalismus und freiwilliger Konsumverzicht sind ihre hippen

Slogans. Anders als Menschen, die *nicht freiwillig* abgetragene Secondhandklamotten oder ausrangierte Turnschuhe tragen und dafür Stigmatisierung oder Verachtung erleben, lässt sich der *freiwillige* Konsumverzicht der neuen Mittelschicht gesellschaftlich inszenieren und verwerten. Dass dieser Verzicht nur bedingt echter Verzicht ist und dass es sich hierbei eher um ein verändertes, an die gesellschaftliche Stellung angepasstes Kaufverhalten handelt, ist sehr schön an dem neuen Statussymbol der Mittelschicht zu beobachten: dem Fahrrad. Egal ob Rennräder, E-Bikes oder Lastenfahrrad – hochwertige Fahrräder sind ihr neues *must have*. Das Lastenfahrrad zum Beispiel ist das äußerst sichtbare Statussymbol junger Familien der weißen Mittelschicht. Es demonstriert die Ablehnung, ein Auto zu fahren. Wer gebildet ist, wert legt auf Umweltschutz und genug Geld hat (diese Dinger sind nämlich wahnsinnig teuer), kauft sich lieber ein Lastenfahrrad, um mit der Familie Ausflüge in den Park zu machen oder einkaufen zu fahren. Dass viele dieser Familien meist trotzdem ein Auto besitzen, ist für die symbolische Aussagekraft des Lastenfahrrads komplett irrelevant. Denn, und jetzt kommt's, anders als die nicht so Umweltbewussten, nutzen sie ihr Auto nur, wenn es *wirklich* nötig ist. Durch das Statussymbol findet in dem Fall eine doppelte Abgrenzung statt: einmal innerhalb der eigenen Klasse zwischen denen, die das mit dem Umweltschutz verstanden haben, und denen, die es immer noch nicht checken. Gleichzeitig haben sie damit auch ein Statussymbol gefunden, das sie von anderen Klassen abhebt.

Schauen wir in Abgrenzung dazu auf das Konsumverhalten der migrantischen Arbeiter*innenklasse. BIPoC, die sich ökonomisch hochgearbeitet haben, demonstrieren diesen Aufstieg oft durch materielle Güter wie Autos, Handys oder auch Kleidung. Sie kaufen sich schöne teure Dinge und zeigen damit, wie gut sie finanziell ausgestattet sind und wieviel sie sich nun leisten können. Ihre Statussymbole demonstrieren ebenfalls eine Abgrenzung zwischen denen, die es finanziell geschafft haben und denen, denen das nicht gelungen ist – innerhalb der eigenen Klasse. Ich würde behaupten, dass die Signalwirkung nach außen hierbei aber noch viel wichtiger ist als innerhalb der eigenen Gruppe. Die Aussage ist: »Ich komm von ganz ›unten‹ und mach aus Scheiße Gold.« BIPoC, die in Arbeiter*innen-Haushalten aufwachsen, wird in unserer kapitalistischen Gesellschaft ständig suggeriert, sie seien weniger wert, wenn sie nicht, zu wenig oder nicht das Richtige konsumieren können. Überall im Alltag werden Menschen bombardiert mit Werbebotschaften. Denken wir nur an die Massen von Influencer*innen auf Social Media, die in Dauerschleife Produkte anpreisen. Unternehmen finden immer neue Wege, um auf potenzielle Käufer*innen Einfluss zu nehmen. Die Botschaft dahinter ist immer dieselbe: »Wer viel konsumiert, ist attraktiv, denn wer konsumieren kann, hat Geld.« So beschreibt Josephine Apraku diesen Schulterschluss in ihrem Buch »Kluft und Liebe« sehr treffend.[12]

Die Statussymbole dieser zwei Klassen stehen im Kontext von Bedürfnisbefriedigung und sozialer Ungleichheit also nicht neutral nebeneinander. Vielmehr können sie als symbolischer Klassenkampf[13] verstanden werden, weil nicht alle Menschen die Möglichkeiten haben, im gleichen Maße ihre Bedürfnisse zu befriedigen. Konsum hängt vom Geldbeutel, der Sozialisation und dem gesellschaftlichen Status, also von der Klassenzugehörigkeit, ab. Die weiße Mittelschicht verfügt über sehr viele Privilegien und gesellschaftliche Macht, die sie nutzt, um andere Gruppen herabzusetzen, zu diskriminieren und die eigene Gruppe gleichzeitig aufzuwerten. Eine Möglichkeit der Abwertung besteht darin, sich in herablassender Weise über die Statussymbole junger BIPoC lustig zu machen. Sie unterstellen ihnen Naivität und Geltungsdrang. Aus einem Gefühl der moralischen Überlegenheit heraus blicken sie auf sie herab und rechtfertigen dadurch ihre eigene privilegierte gesellschaftliche Stellung. Da weiße Menschen der Mittelschicht sich aber natürlich auch teure Sachen kaufen, müssen sich diese von denen der Massen abgrenzen, um das Gefühl der Überlegenheit nicht infrage stellen zu müssen. Nachhaltiges Konsumverhalten, wie durch den Kauf eines teuren Fahrrads, ist eine dienliche Möglichkeit. Geltungsdrang, der jungen BIPoC aus der Arbeiter*innenklasse vorgeworfen wird, wiegt bei Kaufentscheidungen der weißen Mittelschicht nicht so schwer, denn sie können sich das Objekt der Begierde ja ihrer Meinung nach *wirklich* leisten – und müssen nicht damit angeben wie junge BIPoC. Diese in sich äußerst widersprüchliche, aber dennoch für die Privilegierten stimmige Abwertungslogik veranschaulicht, wie Rassismus und Klassismus in unserer Klassengesellschaft zusammenspielen.

Und wenn dann noch eine Institution wie die Polizei solche rassistischen und klassistischen Diskriminierungen befeuert, ist eindeutig etwas falsch im System. So erleben junge BIPoC mit teuren Autos noch häufiger als sowieso schon Racial Profiling[14] im Straßenverkehr. Die rassistische Annahme dahinter: BIPoC können sich teure Autos in keinem Fall leisten, also müssen die Autos geklaut oder durch kriminelle Geschäfte finanziert sein. Das ist kein neues Vorurteil: Auch mein Vater, der früher einen Audi 80 fuhr, wurde seinerzeit von der Polizei angehalten. Ein Beamter fragte ihn ernsthaft, ob er mit einer weißen Frau verheiratet sei. Als mein Vater irritiert verneinte, erwiderte der Polizist, dass er sich sonst einfach nicht vorstellen könne, wie er zu so einem Auto käme.

PRIVILEGIEN SICHERN DURCH ERZIEHUNG

Es wäre gelogen, wenn ich behaupten würde, dass mein »sozialer Aufstieg« mir nicht viele neue Privilegien eröffnet hätte. Wie viele andere Menschen der Mittelschicht versuche auch ich mich selbst zu verwirklichen; Lohnarbeit soll nicht nur meine Existenz sichern, sondern auch Freude machen und Sinn stiften. In meinem Einkaufskorb landen hauptsächlich Bio-Produkte, und in meiner Wohnung befinden sich alte Möbelstücke, die ich monatelang akribisch zusammengesucht habe.

Es ist daher nicht verwunderlich, dass ich bei der Suche nach meiner ersten eigenen Wohnung nicht mal auf die Idee kam, in Gegenden zu suchen, die der ähneln, in der ich aufgewachsen bin. Trotz meiner gegensätzlichen Erfahrungen hatte ich verinnerlicht, dass ärmere migrantische Viertel weniger sicher sind. Und da ich mir jetzt aussuchen konnte, wo ich wohnen wollte, entschied ich mich für vermeintlich sicherere Gegenden. Ich suchte also nach Wohnungen in gentrifizierten Stadtteilen. Dort leben in der Regel immer noch genug migrantische Arbeiter*innenfamilien, so dass ich mich nicht mal zwischen Zugehörigkeit und Sicherheit entscheiden musste. Meine Beweggründe waren also erst einmal andere, als die der weißen Menschen in meinem neuen Milieu, die oftmals in gentrifizierte Arbeit*innenviertel ziehen, um sich für ihren genügsamen und authentischen Lebensstil feiern zu können. Als »authentisch« erlebt und bewertet die akademische Mittelschicht nämlich etwas, das sie als anders, als nicht kommerziell oder nicht gewöhnlich anerkennt. Wie also etwa in ehemaligen Arbeiter*innenvierteln zu wohnen, nachmittags Cappuccino mit Hafermilch zu schlürfen und abends traditionelle vietnamesische Küche zu genießen.

Diesen ständigen Drang, die eigene Lebensweise durch eine diffus gefasste Authentizität aufzuwerten,[15] habe ich lange nicht reflektiert. Und das, obwohl ich doch wusste, dass die Gentrifizierungen in Großstädten, also die Verdrängung von einkommensschwächeren Haushalten durch wohlhabendere Haushalte, die bereits vorhandene soziale Ungleichheit auf dem Wohnungsmarkt noch verstärken.[16] Das lag sicher auch mit daran, dass ich noch nicht wirklich verstanden hatte, wie eindeutig sich meine gesellschaftliche Position nunmehr auf der privilegierten und nicht mehr auf der benachteiligten Seite befand. Mein Bewusstsein für diese Tatsache schärfte sich allerdings schlagartig, als ich Mutter wurde. Ich hatte mein ganzes Leben unbewusst nach einem besseren Leben gestrebt, um nun als Mutter immer mehr zu hinterfragen, ob das nun tatsächlich ein besseres Leben ist.

Das mit dem sogenannten sozialen Aufstieg ist wirklich ein Dilemma. Einerseits genieße ich nun die vielen neuen Privilegien, die ich mir hart erarbeitet habe und die mein Leben deutlich einfacher machen. Andererseits teile ich aufgrund meiner Herkunft nicht das Selbstverständnis und damit auch nicht die Werte derer, die mit diesen Privilegien bereits geboren sind.

Meine Kinder wachsen in einer anderen sozialen Klasse auf als ich. Und natürlich wünsche ich mir, dass sie mit meiner Unterstützung das Beste aus ihrem Leben machen können – wie es sich auch meine Eltern für mich und meine Geschwister gewünscht haben. Gleichzeitig will ich aber auch nicht, dass sie sich ausschließlich in einer privilegierten weißen Mittelschichtsblase bewegen. Sie sollen sich in verschiedenen Communities zu Hause fühlen, mit unterschiedlichen Lebensrealitäten vertraut sein und in dem Selbstverständnis groß werden, dass Perspektivenvielfalt die Norm ist. Sie sollen sich bewusst mit ihren Privilegien auseinandersetzen und sie nicht als naturgegeben erachten. Vielmehr sollen sie sie nutzen wie eine Superpower! Für sich und für andere. Solidarisch eben.

Aus diesem Anspruch ergeben sich für mich als Mutter zwei zentrale Erziehungsaufgaben. Erstens: Wie gebe ich die Vielfalt an Perspektiven, mit denen ich aufgewachsen bin, an meine Kinder weiter? Zweitens: Wie verhindere ich, dass meine Kinder ein Überlegenheitsgefühl verinnerlichen, das auf der Abwertung von weniger privilegierten Menschen basiert? Oder, anders gesagt: Wie schaffe ich es, dass meine Kinder mit den *Möglichkeiten*, aber ohne das *Selbstverständnis* der herkömmlichen Mittelschicht aufwachsen?

Ich versuche also, ein Umfeld zu schaffen, in dem Menschen unterschiedlich aussehen, verschiedene Sprachen sprechen, andere kulturelle und religiöse Prägungen mitbringen und sich dennoch als Gemeinschaft verstehen. Aber das ist gar nicht so einfach. Ich wohne zwar in einem sozial durchmischten Viertel, doch trennt eine unsichtbare Grenze die privaten Anlagen von den Sozialwohnungen. Auch wenn wir nur wenige Meter voneinander entfernt sind, leben wir doch in unterschiedlichen Welten. Genauso war es in meiner Kindheit gewesen – doch damals stand ich auf der entgegengesetzten Seite.

Doch spätestens im Kindergarten, so dachte ich damals, würde diese Grenze automatisch aufgelöst, und mein ältestes Kind würde, so wie ich damals, Teil einer Gemeinschaft, in der Vielfalt und Differenz selbstverständlich sind. Wir meldeten uns in drei Kindergärten an und bekamen die Zusage von einer städtischen Einrichtung ganz in der Nähe unserer Wohnung. Die anfängliche Euphorie verflog aber leider sehr schnell. Bereits bei der Eingewöhnung wurde mir klar, dass meine Ansprüche und die des Kindergartens so gar nicht zusammenpassten. Ich hatte die naive Vorstellung, dass die Erzieher*innen den Kindern mit Respekt und Wertschätzung begegnen würden. Stattdessen herrschte dort aber eine Atmosphäre von Gleichgültigkeit, Willkür und Überforderung im Umgang mit den Kindern.

Einige Wochen lang versuchte ich, mich mit dem Kindergarten anzufreunden. Aber nach einem rassistischen Vorfall hatte ich endgültig die Nase voll. Mein Kind wurde, ohne dass es vorher mit mir abgesprochen worden wäre, für einen Sprachförderkurs angemeldet. Ich war geschockt, denn mein Kind sprach im Alter von drei Jahren bereits Deutsch auf dem Niveau eines Vorschulkindes – trotz seiner Mehrsprachigkeit. Als ich die Kindergartenleitung damit konfrontierte, gab sie zu, dass Kinder mit sogenanntem »Migrationshintergrund« automatisch für den Kurs angemeldet werden. »Sie gehen also davon aus, dass mein Kind, weil es Schwarz ist, Förderbedarf im Deutschen hat?«, fragte ich. Die Leitung war sichtlich überfordert. Sie bekam rote Flecken am Hals und im Gesicht. Trotzdem zeigte sie keine wirkliche Einsicht. »Bisher hat sich darüber niemand beschwert«, erwiderte sie und schien zu glauben, dass das irgendetwas besser machen würde. »Das ist nicht nur rassistisch, sondern beweist auch, dass sich hier niemand mit meinem Kind unterhält. Obwohl es den ganzen Tag nichts anders tut, als zu plappern!«, antwortete ich wütend.

Als ich nach diesem aufwühlenden Gespräch nach Hause ging, kam ich an einem bilingualen privaten Kindergarten vorbei, der damit warb, dass dort ausschließlich Französisch und Englisch mit den Kindern gesprochen würde. Was für eine Ironie. Viele der Kinder in unserer städtischen Einrichtung wachsen ebenfalls mit mehreren Sprachen auf, doch ihre Mehrsprachigkeit wird als Defizit betrachtet. Daran ist zu sehen, wie Rassismus und Klassismus mit der Bewertung von Sprachen einhergehen. Kolonialsprachen wie Englisch, Französisch oder Spanisch, die ehemals anderssprachigen, kolonialisierten Bevölkerungen aufgezwungen wurden, genießen einen ausgezeichneten Ruf.[17] Auch Mandarin gilt inzwischen, wegen seiner ökonomischen Verwertbarkeit, als »sinnvolle« Sprache. Wolof, Tigrinja, Türkisch oder Urdu hingegen werden abgewertet und als defizitär betrachtet und Kinder mit einer solchen Mehrsprachigkeit in Förderkurse gesteckt. Dabei sind es die Kindergärten selbst, die unfähig sind, ihre strukturellen Defizite aufzuarbeiten, um Diskriminierungen im Kleinkindalter zu vermeiden.

Ich machte mich nach dieser ernüchternden Erfahrung also auf die Suche nach einer anderen Betreuungsmöglichkeit für mein Kind. Diesmal sah ich mir einige kleinere private, alternative Einrichtungen an. Bei den Besichtigungsterminen erkannte ich sofort, dass ich dort keine soziale Durchmischung erwarten durfte. Im Gegenteil: Für die Einrichtungen waren *wir* genau das fehlende Maß an Vielfalt. Anders, aber nicht zu anders. Das erklärt auch, warum wir mehr als eine Zusage von den kleinen Kindergärten erhielten, während andere Familien schon über ein einziges Ja froh sind. Am Ende entschieden wir uns für eine Elterninitiative. Ich hatte die Hoffnung, dass ein von Erzieher*innen und Eltern selbstverwalteter Kindergarten offener ist für die Bedürfnisse einer Schwarzen Mutter bzw. eines Schwarzen Kindes. Leider wurde ich wieder enttäuscht. Ich musste feststellen, dass solche Elterninitiativen zumeist ein exklusiver Ort der weißen Mittelschicht sind. Ausnahmen sind zwar erwünscht, aber nur, solange sie nicht die Ordnung stören. Oder, besser gesagt, solange sie nicht das Selbstbild und die Werte der Mitglieder in Frage stellen. Dazu gehören Werte wie gutes Essen, das selbstverständlich frisch, Bio und möglichst zuckerfrei sein muss. Ein Toastbrot mit Nutella in der Brotdose oder Limonade in der Trinkflasche aus Edelstahl würden zu einem Tagesordnungspunkt am nächsten Elternabend führen. Manchmal reicht dafür sogar eine Scheibe Vollkornbrot mit Marmelade. Auch haben die Mitglieder genug Freizeit, um ehrenamtlich Tätigkeiten für den Kindergarten zu übernehmen – zusätzlich zur Teilnahme an den zahlenreichen Elternabenden, versteht sich. Eltern, die kein Deutsch sprechen, im Schichtdienst arbeiten, eine Behinderung haben, zusätzliche Care-Arbeit leisten oder alleinerziehend sind, können die Voraussetzungen für einen solchen Kindergarten kaum erfüllen. Daraus resultiert eine Art Vorselektion, die dazu führt, dass nur ein kleiner Teil der Kinder in unserem Viertel »in den Genuss« einer solchen Einrichtung kommt. Wie ein Luxusgut, das nur für ausgewählte Kenner*innen verfügbar ist.

Die vielen migrantischen Arbeiter*innenfamilien unseres Viertels bewerben sich kaum bis gar nicht für solche Kindergärten. Würden sie es doch tun, müssten sie ein Bewerbungsformular ausfüllen, in dem sie neben Informationen über ihr Kind auch Angaben zu ihrem Beruf machen sollten. »Ich arbeite als Reinigungskraft« oder »in der Paketzustellung« steht da in der Regel natürlich nicht. Auch müssten sie ein paar Sätze zu ihren Erwartungen, ihrer Motivation oder ihrem Erziehungsstil verfassen. Meistert man diese erste sprachliche Hürde, darf man hoffen, zum Bewerbungsgespräch eingeladen zu werden. Spätestens vor dem Kennenlerntermin studieren die meisten Eltern die Homepage oder das pädagogische Konzept des Kindergartens, um in der Lage zu sein, die richtigen Codes zu bedienen. Sie erzählen etwas Schönes aus ihrem Familienleben, schwärmen von der kindgerechten Atmosphäre und dem tollen Betreuungsschlüssel des Kindergartens. Zum Ende des Gesprächs haben die richtig motivierten Eltern meistens noch ein Ass im Ärmel. Sie sagen Sachen wie: »Ich liebe es, in meiner Freizeit zu nähen, und kann das Nähamt übernehmen.« Und: »Ich habe einen grünen Daumen und kann mich um die Gartenpflege kümmern.« Oder: »Ich kenne mich mit Finanzen aus und helfe gerne bei der Buchhaltung« – was damals mein Spruch war.

Als ich beim Bewerbungsgespräch saß und versuchte, einen guten Eindruck zu machen, stellte ich mir vor, wie es gewesen wäre, hätten sich meine Eltern damals um einen Platz für meinen jüngsten Bruder beworben. Ich hätte die Bewerbungsunterlagen ausfüllen müssen, und zum Vorstellungsgespräch wäre ich auch mitgekommen, um zu übersetzen. Aber wir hätten die Codes nicht gekannt, und es wäre auf beiden Seiten relativ schnell klar gewesen, dass wir hier nicht reinpassten.

Seit den 1990er Jahren gelten »Erziehung und Schule [als] der Ort, an dem sich die beiden wichtigsten Motive der Lebensführung der Akademikerklasse, ihr Wunsch nach Selbstentfaltung und das Streben nach sozialem Prestige, aufs Engste miteinander verbinden«.[18] Dies stimmt auch noch dreißig Jahre später, nur mit drei wesentlichen Erweiterungen. Erstens: Das Ganze beginnt heute nicht mit der Schule, sondern bei der Wahl des Kindergartens. Zweitens: Auch nichtstudierte Menschen streben heute den erfolgversprechenden Lebensstil der Akademiker*innenklasse an. Und drittens: Heute wird nicht mehr erzogen, sondern »bedürfnis- und beziehungsorientiert (kurz: BO) begleitet«. Dieses Konzept beinhaltet, dass eine positive und konstruktive Eltern-Kind-Beziehung im Vordergrund steht. Es wird versucht, allen Bedürfnissen in der Familie Raum zu geben, indem die traditionelle Form der Erziehung durch eine zugewandte Haltung der Eltern ersetzt wird. Letzteres wäre aus anti-adultistischer Perspektive, also der

Nicht-Diskriminierung von Kindern aufgrund ihres Alters, an sich eine gute Sache[19] – wäre da nicht wieder dieses Problem mit den Klassenprivilegen. BO ohne Klassismuskritik zeigt in der Realität jetzt schon, dass die Persönlichkeitsentfaltung von nur wenigen Kindern, die in unserer Gesellschaft sowieso schon zu den Gewinner*innen zählen, noch weiter gefördert wird. Denn Eltern aus der Arbeiter*innenklasse, die zwei oder drei Jobs haben, um ihre Rechnungen bezahlen zu können, bringen strukturell nicht die Voraussetzungen mit, um ihre Kinder bedürfnisorientiert zu erziehen – auch wenn sie es wollten. Die systemische Gewalt, die sie durch den Kapitalismus erfahren, wirkt sich somit auch auf ihre Kinder aus. Diese Eltern und ihre Kinder können sich nicht einfach so selbst entfalten oder danach streben, ihr »authentisches Ich« zu leben.

Gleichzeitig kann man an dieser Stelle einmal kurz darüber nachdenken, woher dieses vermeintliche Grundbedürfnis nach Selbstentfaltung eigentlich kommt und in welchen Kontext es gehört. Denn diese Idee entstammt dem Wertesystem des Individualismus, in dem die Bedürfnisse des*der Einzelnen wichtiger sind als die der Gemeinschaft. Und in der deutschen Mittelschicht wird eben jener Individualismus seit längerer Zeit schon sehr stark propagiert. Im Gegensatz dazu erschließt sich für Kinder von Arbeiter*innen der Zugang zur Welt oftmals über die Gemeinschaft – Selbstentfaltung spielt dabei eine weniger wichtige Rolle.

Ich weiß noch, wie ich eine Freundin anrief, um mal wieder Frust über meine Erlebnisse in meiner Elternblase abzulassen. Sie ist selbst Arbeiter*innenkind, hat einen Doktor in Soziologie und beschäftigt sich viel mit dem Thema Klassismus.

»Ich glaube mittlerweile, Menschen mit geringeren finanziellen Mitteln sind empathischer und mehr daran interessiert, dass es allen gut geht«, sagte ich. Ihre Reaktion auf meine Aussage kam sehr schnell und unerwartet: »Ja, das ist auch so. In UK gibt es bereits Studien dazu.« Einen Tag später schickte sie mir Links zu wissenschaftlichen Studien, die meine subjektiven Erfahrungen belegten. Diese Untersuchungen zur Psychologie von sozialen Klassen zeigen, dass Menschen aus der Armuts- und Arbeiter*innenklasse tendenziell empathischer sind als Menschen aus der Mittelschicht. Kinder, deren Eltern vergleichsweise wenig materielle Ressourcen, weniger Wahlmöglichkeiten bezüglich ihrer Alltagsgestaltung und damit auch weniger Kontrolle über äußere Umstände haben, machen die Erfahrung, dass das Verhalten des Individuums auch immer abhängig von dem Verhalten der anderen und dem sozialen Kontext ist. Dies führt nicht nur dazu, dass sie empathischer sind, sondern auch, dass sie die Bedürfnisse von anderen besser wahrnehmen. Das wiederum beeinflusst ihr Sozialverhalten in Gruppen. Mittelschichtskinder hingegen, die mit vergleichsweise geringen wirtschaftlichen Sorgen und weniger genereller Unsicherheit aufwachsen, neigen dazu, ihre Bedürfnisse in den Mittelpunkt zu stellen. Außerdem tendieren sie dazu, ganz selbstverständlich ihren Interessen zu folgen, sich persönlich zu entfalten und sich von anderen abheben zu wollen. Wer stets auf Wettbewerb vorbereitet, gar »gedrillt« wird, wird zwangsläufig weniger Rücksicht nehmen, das ist Teil des marktradikalen bzw. neoliberalen Programms. Ihr Individualismus beruht zudem auf Privilegien wie wirtschaftlicher Sicherheit und Unabhängigkeit. Auch hier beeinflussen die Erfahrungen in der Kindheit deutlich das spätere Sozialverhalten in Gruppen – bewusst und unbewusst. Der wesentliche Unterschied liegt, vereinfacht gesagt, darin, dass Menschen aus der Arbeiter*innenklasse tendenziell mehr Rücksicht auf die Gemeinschaft nehmen, und Menschen, die der Mittelschicht angehören, tendenziell eher dazu neigen, ihre individuellen Bedürfnisse und Interessen in den Mittelpunkt zu rücken.[20]

Diese klassenbezogenen Verhaltensweisen decken sich mit meinen eigenen Beobachtungen in unseren zwei Kindergärten. In der Elterninitiative bekamen die Kinder, die Erzieher*innen und auch die Eltern viele Freiräume. Es gab zwar feste Regeln, aber gleichzeitig auch Raum für Diskussionen. Besonders bei den regelmäßigen Elternabenden wurde viel und leidenschaftlich diskutiert. Ich war so etwas nicht gewohnt, weshalb ich nach meinem ersten Elternabend eine Art Kulturschock hatte. Gleich zu Anfang hatte sich ein Vater beschwert, weil seinem Kind das Mittagessen nicht schmeckte. Zwei weitere Eltern nahmen das zum Anlass, um uns allen zu erzählen, welche Lebensmittel ihre Kinder nicht gerne essen. Ich dachte, hier müsste irgendwo eine versteckte Kamera sein. Aber nein, das war kein Witz, sie meinten es wirklich ernst. Fast alle dieser Eltern waren weiß und gehörten der Mittelschicht an. An ihrer Art zu sprechen, erkannte ich, wie routiniert sie darin waren, ihre Bedürfnisse und die ihrer Kinder zu artikulieren. Ich hingegen fragte mich, ob wir gleich alle von den Essgewohnheiten unserer Kinder erzählen würden, um dann nach einer gemeinschaftlichen Lösung zu suchen. Aber nein, das passierte nicht. Es wurde nur über die Kinder der Eltern gesprochen, die sich beschwert hatten. Diese Eltern nahmen mit ihren sehr persönlichen Anliegen tatsächlich ohne Rücksicht auf alle anderen den ganzen Raum ein.

Die Haltung und das Selbstverständnis der Eltern in unserem ersten Kindergarten waren dagegen ganz anders gewesen. Dieser erste Kindergarten war aus mehreren Gründen sehr problematisch. Neben der rassistischen Praxis, BIPoC-Kinder automatisch in Sprachkurse zu stecken, wurden zum Beispiel auch regelmäßig Eltern angeschrien, wenn sie ihre Kinder morgens fünf Minuten zu spät brachten. Auch das machte man natürlich nur bei bestimmten Eltern. Zudem waren auch die ständig wechselnden Mitarbeitenden ein riesiges Problem. Es gab dort also einiges, was man für problematischer halten könnte als die Essensvorlieben bestimmter Kinder, und es sprach einiges gegen den Kindergarten. Doch kaum eine Familie beschwerte sich offiziell oder kündigte. Die meisten Eltern waren BIPoC, Migrant*innen und Arbeiter*innen. Sie waren es nicht gewohnt, Ansprüche zu stellen. Weder für sich noch für ihre Kinder. Denn Ansprüche stellt man in der Regel nur dann, wenn man überzeugt ist, dass einem etwas »Besseres« zusteht. Wie das Beispiel der Elterninitiative zeigt, gehen viele Menschen der Mittel- und Oberschicht davon aus, dass sie und ihre Kinder genau diesen Anspruch auf »Besseres« oder gar »das Beste« haben.

Wenn wir also daran interessiert sind, bedürfnisorientierte Erziehung für alle Familien lebbar zu machen, müssen sich die Eltern der Mittelschicht solidarisieren und ihre politische und wirtschaftliche Macht dafür nutzen, Institutionen wie Schule und Kindergarten für alle Kinder liebevoller, bedürfnisorientierter und respektvoller zu gestalten. Bislang passiert dies jedoch kaum. Stattdessen hat ein Teil der Mittelschicht mit dieser Art von Erziehung einen weiteren Weg gefunden, sich von der Masse abzuheben und ihren Kindern neue Privilegien zu sichern. Denn während die akademische Mittelschicht ihre Erziehungs- und Bildungsbemühungen intensiviert und verfeinert, befinden sich »auf der anderen Seite die ›Bildungsverlierer*innen‹ und die ›Problemschulen‹, in denen sich die Unterklasse konzentriert«.[21] Das war auch in meiner Kindheit so. Heute aber beginnt die soziale Segregation nicht erst mit dem Gang auf das Gymnasium, sondern schon viel früher. Deshalb haben wir mittlerweile nicht nur Problemschulen, sondern leider auch Problemkindergärten. Soziale Durchmischung in Einrichtungen für Kleinkinder ist nicht (mehr) selbstverständlich, weil sich die Mittelschichtsfamilien mehr und mehr auf private Kindergärten und Krippen konzentrieren.

Aber nicht nur die klassistische Perspektive blendet die Mittelschicht in ihrer bedürfnisorientierten Elternschaft aus. Das Konzept hat auch eine stark rassistische Komponente:

Stillen, Tragen, Familienbett, Windelfrei und Baby Led Weaning[22] – das sind in den Kreisen von Befürworter*innen bedürfnisorientierter Erziehung die beliebtesten Themen. Verstörend genug, wird in diesem Zusammenhang häufig auf sogenannte »Naturvölker« verwiesen. Bei diesen »Naturvölkern« wird lange gestillt, lange getragen, zusammen geschlafen und keine Windel getragen. Es wird auch diskutiert, ob solche »Naturvölker« ihren Kindern hin und wieder nicht auch die Nahrung vorkauen und damit zu einer Art Brei verarbeiten.

Solche Aussagen stehen nicht nur auf irgendwelchen Seiten im Internet, sondern auch in gedruckten Elternratgebern und Sachbüchern zum Thema bedürfnisorientierte Elternschaft. Durchgängig wird der Vergleich mit den sogenannten »Naturvölkern« hergestellt, dabei ist der Begriff an sich irreführend und rassistisch. Es handelt sich um eine Vorstellung aus der Kolonialzeit, laut der nicht-weiße Menschen »Naturvölkern« zugeordnet werden, um zu versprachlichen, dass sie sich noch in einer vermeintlich niedrigeren Zivilisationsphase befinden. Demgegenüber stehen die weißen, überlegenen »Kulturvölker«.[23] Die Mitglieder der Community, die BO vertritt, reproduzieren mit ihren Begrifflichkeiten die Perspektive weißer Kolonisator*innen und projizieren mit ihrer rassistischen Sprache Bilder aus dieser Zeit in die Köpfe frisch gebackener Eltern. Das macht mich unglaublich wütend. Zuhörer*innen aus der BIPoC-Community werden von den Menschen, die solche Vorträge halten und Bücher zum Thema verfassen, rein gar nicht mitgedacht. Sie kommen weder auf die Idee, Expert*innen aus dem Globalen Süden in ihre Runden einzuladen, noch dafür zu bezahlen, dass sie ihr Wissen zu den Themen Stillen, Tragen, Co-Sleeping und Windelfrei mit ihnen teilen. So ist es mehr als absurd, dass meinen Eltern in den 1980er Jahren gesagt wurde, in einem zivilisierten Land wie Deutschland würde man seine Kinder nicht in Tüchern umhertragen, da so ihre Hüften deformiert würden. Oder dass Nestlé und andere internationale Unternehmen durch aggressive Kampagnen in Ländern des Globalen Südens stillende Mütter dazu brachten, auf Milchpulver umzusteigen.[24] Nur damit dann vierzig Jahre später die Mittelschicht aus dem gleichen »Überlegenheitskomplex« heraus die Erziehungsweisen von Menschen des Globalen Südens »entdecken« kann, während sie weiterhin die Lebensweisen von Schwarzen Menschen und People of Color außerhalb ihrer Milieus abwertet.

In Bezug auf meine eigenen Kinder habe ich, anders als noch zu Beginn meiner Elternschaft, verstanden, dass ich ihr Umfeld nur bedingt beeinflussen kann und auch nicht sollte. Was ich hingegen jetzt mache, ist, mit ihnen über ihre Privilegien zu sprechen. Und so kann ich jetzt schon sehen, wie sie mit zunehmendem Alter die Gesellschaft, so wie sie sich ihnen erschließt, selbst an vielen Stellen in Frage stellen und auf Ungerechtigkeiten aufmerksam machen. Also übe ich mich in Gelassenheit und vertraue darauf, dass sie ihre Wege gehen – so wie ich damals auch.

MIGRANT*INNEN-MAMA – FEMINISTIN UND PUTZFRAU

Meine Adej ist einer der liebevollsten, selbstbestimmtesten und gelassensten Menschen, die ich kenne. Sie sagt, was sie meint, und macht, was sie sagt. Doch für die weiße deutsche Gesellschaft ist sie nur eine Schwarze Frau, die nicht richtig Deutsch sprechen kann, eine afrikanische Mutter und eine Putzfrau. Abwertende Stereotype über migrantische Frauen* gibt es viele. Diese Stereotype haben aber nichts mit ihren Lebensrealitäten und Identitäten zu tun. So auch nicht bei meiner Mutter.

Meine Adej war schon immer sehr willensstark. Sie hat sich nichts vorschreiben lassen und ist immer ihren eigenen Weg gegangen. Beispielsweise hat sie eine Ausbildung zur Schneiderin bei einer großen Textilmanufaktur in Asmara gemacht. In den 1970er Jahren genoss diese Textilfirma einen sehr guten Ruf, und nur wenige Bewerber*innen erhielten eine Ausbildungsstelle, da die Arbeit sehr komplex und anspruchsvoll war. In Deutschland konnte sie zwar offiziell nicht mehr in ihrem Beruf arbeiten, aber das hielt sie nicht davon ab, weiter zu designen und zu schneidern: prunkvolle Kleider für Feste und Veranstaltungen, aber auch Alltagskleidung für Menschen, deren Körper nicht in den Konfektionsgrößen der klassischen Kaufhäuser abgebildet wurden. Bis heute fertigt sie maßgeschneiderte Unikate für Freund*innen und Familie.

Mit dem Schneidern und vier Kindern hatte meine Adej mehr als genug zu tun. Trotzdem ging sie immer auch einer regulären Lohnarbeit nach. Sie bestand darauf, ihr eigenes Geld zu verdienen, denn sie wusste, dass ihre Freiheiten als Frau stark mit ihrer wirtschaftlichen Unabhängigkeit verbunden sind. Und ihre Freiheiten wollte sie sich von niemandem nehmen lassen.

Ich erinnere mich an zahlreiche Diskussionen, die meine Eltern wegen der Tätigkeit meiner Adej führten. Mein Baba empfand es als demütigend, für andere Leute zu putzen, und er hat nie verstanden, warum meine Mutter das freiwillig tat. Mein Baba war für ein großes Unternehmen in der Fertigung tätig. Die Schichtarbeit war körperlich und mental sehr anstrengend, doch er konnte uns damit finanzielle Sicherheit bieten. Aus seiner Sicht musste meine Mutter also keiner herabwürdigenden Arbeit nachgehen, aber meine Adej sah das anders. Für sie war Putzen einfach nur Arbeit. Arbeit, mit der sie Geld verdiente. Sie hat sich weder dafür geschämt, noch hat sie sich dort je schlecht behandeln lassen.

Mit dem gleichen Mindset hat meine Adej, als wir Kinder aus dem Haus waren, angefangen, ihre Sprachkenntnisse in Deutsch zu vertiefen. Nicht, weil sie jemand dazu aufgefordert hätte, sondern weil sie es wollte. Sie suchte sich gezielt eine Arbeitsstelle, bei der sie mehr Deutsch sprechen musste. Und so wurde sie immer besser. »Menschen sind nie zu alt, um etwas Neues zu lernen«, sagt meine Mutter.

Auch die Verteilung der Sorgearbeit in unserer Familie passte nicht in die Unterdrückungsphantasien, die speziell über migrantische Familien verbreitet werden. Als wir Geschwister Babys waren, war es zum Beispiel nicht meine Mutter, sondern mein Vater, der uns beruhigte, wenn wir weinten, der uns nachts stundenlang herumtrug, bis wir einschliefen. Er war es, der unsere Bedürfnisse nach Nähe und Liebe gestillt hat, und er konnte alle unsere Körpersignale lesen. Auch heute noch spürt man eine ganz besondere Aura, wenn mein Vater ein Baby auf dem Arm hat. Er vertraut ihnen, und sie vertrauen ihm. Meine Adej hat nie ein Geheimnis daraus gemacht, dass sie keine »Babyflüsterin« ist, auch wenn das von Frauen* automatisch erwartet wird. Ihre Sprache der Liebe ist nicht körperliche Nähe, sondern aufopferungsvolle Hilfsbereitschaft.[25] Ich finde es immer unglaublich spannend, wenn mir andere BIPoC erzählen, wie sie aufgewachsen sind und wie ihre Eltern Liebe und Zuneigung ausgedrückt haben. Wie so viele andere migrantische Mütter steht sie heute noch tagelang in der Küche, um uns Kindern ein Festmahl mit all unseren Lieblingsspeisen zu kochen, wenn wir zu ihr nach Hause kommen. Als wir klein waren, hat sich meine Mutter lange und sehr intensiv um uns gekümmert und dafür auch vieles geopfert. Deshalb wurde sie immer nur als Hausfrau und Mutter wahrgenommen. Doch Muttersein ist nur eine ihrer vielen Facetten, es spiegelt keineswegs ihre komplette Identität wider. Trotzdem werden migrantische Frauen* wie meine Adej auch heute noch oft auf diesen einen Teil ihrer Identität reduziert. Doch migrantische Frauen* sind divers, facettenreich und ihre Lebensrealitäten komplex. Viel zu lange wurden und werden ihre Perspektiven und damit auch ihre individuellen Emanzipationsprozesse unsichtbar gemacht. Aber Feminismus ist keine weiße Errungenschaft. Deshalb musste er auch weder meiner Adej noch mir beigebracht werden. Vielmehr ist es so, dass der Feminismus von der typischen privilegierten weißen Frau auf dem Rücken von migrantischen FLINTA* der Arbeiter*innenklasse ausgetragen wird. Damit Frauen* aus der Mittelschicht nämlich das Haus verlassen und arbeiten gehen können, muss jemand die liegengebliebenen Reproduktions- und Sorgearbeiten erledigen. So werden Tätigkeiten wie Kinderbetreuung, häusliche Altenpflege oder klassische Hausarbeit mehr und mehr auf migrantische FLINTA* verlagert, die von Einrichtungen oder direkt von den privilegierten Mittelschichtsfamilien angestellt werden. Sie schaffen Entlastung und lösen damit scheinbar das Problem der »Vereinbarkeit von Familie und Beruf«. Aber das gilt natürlich nur für die heterosexuelle bürgerliche Kleinfamilie der Mittelschicht, denn niemand fragt, wie sich Familie und Beruf für zum Beispiel migrantische queere Arbeiter*innenfamilien vereinbaren lassen. Mit einer der Gründe für diesen wachsenden Bedarf an migrantischen Arbeitskräften in diesem Umfeld ist der, dass sich Männer der Mittelschicht immer noch unzureichend um die anfallende Arbeit im Haushalt kümmern.[26]

Wenn ich über den Zusammenhang von Race, Klasse und Sex nachdenke, muss ich immer an meine Kindheit zurückdenken. Die folgenden zwei Sätze haben sich in mein Gedächtnis eingebrannt: »Ich gehe arbeiten!« und »Ich gehe arbeiten, weil ich es muss, nicht weil ich es will. Was ich will, ist zu Hause bei der Familie zu sein.« Ratet mal, welcher Satz von meiner Adej und welcher von meinem Baba kommt? Der erste Satz stammt aus dem Mund meiner Mutter. Sie empfand es als Unterdrückung, Reproduktions- und Care-Arbeit zu leisten und nicht ihr eigenes Geld verdienen zu können. Somit ist der zweite Satz von meinem Vater. Er empfand es ebenfalls als Unterdrückung, einen »Knochenjob« in Schichtarbeit machen zu müssen und nicht die Zeit mit uns Kindern verbringen zu dürfen.

Die Unterdrückungserfahrungen meiner Eltern sind keine Privatangelegenheit, sondern betreffen alle. Denn dieses Ungleichgewicht wird sich wahrscheinlich erst dann ausgleichen, wenn Tätigkeiten wie Putzen, Pflege oder Erziehung und andere Reproduktions- und Sorgearbeiten fair entlohnt werden. Sagen wir, Care-Arbeit würde von nun an mit dem durchschnittlichen deutschen Stundenlohn vergütet. Eine solche radikale Veränderung würde die Wertschätzung für Care-Arbeit erhöhen und dazu beitragen, das wirtschaftliche Ungleichgewicht durch vergeschlechtlichte und rassifizierte Arbeit aufzubrechen. Kurz gesagt: Das Geschlechterverhältnis und der materielle Wohlstand in unserer Gesellschaft würden damit neu geordnet und umverteilt und der kapitalistischen Ausbeutung von rassifizierten Arbeiter*innen entgegengewirkt.

Auch wenn dieser gesellschaftliche Wandel hoffentlich irgendwann kommen wird, werden Menschen wie meine Mutter nicht mehr davon profitieren können. Sie müssen sich weiterhin Tag für Tag gegen die Unterdrückungssysteme unserer Gegenwart behaupten, denn ihre Körper sind Projektionsflächen für Rassismus, Sexismus, Klassismus und eine binäre Geschlechterordnung. Solche strukturellen Diskriminierungen werden oftmals immer noch zu eindimensional und isoliert betrachtet. Meine Adej erlebt aber nicht Rassismus bei Ärzt*innenbesuchen, Sexismus am Arbeitsplatz und Klassismus bei Behördengängen. Sie erlebt stets ein Ineinandergreifen von allen diesen Diskriminierungsformen. Ohne die Theorie der Intersektionalität könnten wir diese Tatsache kaum beschreiben.

Für weiße Menschen der Mittel- und Oberschicht ist die Idee der Intersektionalität eine intellektuelle Herausforderung. Nicht, weil sie weniger intelligent wären, sondern weil sie gelernt haben, dass nur ihre Lebenswirklichkeit gesellschaftlich relevant ist. Wie ein Kanon wurde die Vorstellung ihrer Überlegenheit in Schule, Medien und Politik immer und immer weiter wiederholt, bis sie in Fleisch und Blut überging. Das erklärt auch, warum Perspektiven von migrantischen Arbeiter*innen nie ernsthaft in politische Entscheidungsprozesse eingebunden wurden. Ein großer Teil der Bevölkerung sollte einfach nur still und leise seine Arbeitskraft billig zur Verfügung stellen, die nächste Generation an Arbeitskräften aufziehen, und damit das kapitalistische System am Laufen halten.[27]

Solange ich mich erinnern kann, stand immer eine vermeintlich homogene Gruppe von weißen Akademiker*innen für Emanzipation und Feminismus. Deshalb ist es auch nicht verwunderlich, dass wir eine verkürzte Vorstellung von Gleichberechtigung haben: Wer emanzipiert sein will, muss bezahlter Arbeit nachgehen. Je höher das Gehalt, desto emanzipierter bist du. Diese Auslegung verschiebt die Verantwortung für die strukturelle Diskriminierung und Ausbeutung auf das Individuum und ignoriert dabei die historische Dimension der Unterdrückung durch das Patriarchat. Und dennoch war Arbeiten zu gehen für meine Adej nicht nur ein feministischer Akt, sondern auch ein Sieg gegen die Verinnerlichung von klassistischen Denkmustern.

Das Denken und Handeln unserer Mütter* hat uns als nachfolgende Generation sehr geprägt. Posts wie »Ich bin die Tochter einer Putzfrau«[28] von Aylin Karabulut sind Ausdruck des neuen Selbstbewusstseins unserer Generation. Gleichzeitig ist er einer von vielen notwendigen Schritten gegen die Auf- und Abwertung von Arbeit, die der Stabilisierung sozialer und ökonomischer Ungleichheit dienen – und damit unsere Klassengesellschaft aufrechterhalten.

Es ist nur eine logische Konsequenz, dass wir die Kämpfe unserer Mütter weiterkämpfen. Feminismus kommt nicht ohne die Perspektiven und Biografien von Schwarzen Frauen*, Frauen* of Color, queeren Frauen sowie inter*- und trans*-Menschen der Arbeiter*innenklasse aus. Denn: Ein Feminismus, der nicht intersektional ist, ist kein Feminismus. So hinterfragen wir die vorherrschenden kapitalistischen Verhältnisse und dekonstruieren machtunkritische Ideen von Gleichberechtigung. Dazu haben wir uns selbst befähigt. Deshalb müssen wir uns weder als Feminist*in bezeichnen, um eine*r zu sein, noch müssen wir von irgendwem an den Tisch gebeten werden. Audre Lorde stellte bereits 1984 die Notwendigkeit dar, Unterschiede zwischen uns FLINTA* anzuerkennen und diese als Quelle der Kraft und Kreativität zu nutzen.[29] So leisten wir mit dem Erbe unserer Mütter* heute in zweiter und dritter Generation einen wesentlichen Beitrag zu mehr Gleichberechtigung für alle Menschen in unserer Gesellschaft.

MEIN BABA, DER INTELLEKTUELLE – NICHT BESCHULT, ABER GEBILDET

»Der Irrtum der Intellektuellen besteht in ihrem Glauben, dass es möglich sei, sich Wissen anzueignen, ohne es zu verstehen, und darüber hinaus, ohne es zu fühlen und sich dafür zu begeistern.«

ANTONIO GRAMSCI

Schule und Universität sind zwei zentrale Institutionen für die akademische weiße Mittelschicht. Dabei ist es kein Geheimnis, dass die Institution Schule auf einer sehr engen Vorstellung von Bildung beruht. Nur so ist es zu erklären, dass die natürlichen Lernprozesse von Kindern mit Eintritt in die Schule von außen gesteuert, getaktet, bewertet und damit in eine Hierarchie gebracht werden. Für diese Vorstellung von Bildung ist es auch unabdingbar, ab einem Alter von sechs bis sieben Jahren von Pädagog*innen in einem Klassenzimmer unterrichtet zu werden – in einem starren Konstrukt, das keinen Platz für Pluralität bietet. Dabei wissen wir doch, dass gutes Lernen nur dann gelingt, wenn Menschen sich Wissen selbst aneignen wollen. Mit anderen Worten: Kinder lernen nur dann wirklich nachhaltig, wenn sie begeistert oder motiviert sind. Dadurch können sie so etwas Komplexes wie Sprache überhaupt erst begreifen.[30] Aber wenn diese genialen Köpfe dann in die Schule kommen, vermittelt man ihnen unablässig, was sie alles noch nicht können. Im schlimmsten Fall wird ihnen sogar eingeredet, dass sie bestimmte Sachen niemals können werden. Mein Baba dagegen hatte nie jemanden, der ihm sagte, dass er irgendetwas nicht lernen könne. Und deshalb hat er seine Begeisterung fürs Lernen nie verloren.

So ist es wunderschön und nicht verwunderlich, dass er im Rentenalter seine Liebe zur Lyrik entdeckte. Einfach so! Seitdem sein Intellekt und seine vielfältigen Interessen nicht mehr durch schwere körperliche Arbeit unterdrückt werden, schreibt er den ganzen Tag lyrische Texte. Seine Gedanken sind wie ein unhaltbarer Fluss, der in einen See aus Poesie mündet. Nur werden seine Texte vermutlich nicht annähernd so viele Menschen lesen wie meine. Denn es kommt nicht so oft vor, dass die Poesie von Schwarzen Arbeiter*innen gesellschaftlich anerkannt wird. Mein Baba ist ein hochgebildeter Mann ohne Uniabschluss, ja, sogar ohne Schulabschluss. Entgegen der herrschenden Meinung hängen intellektuelle Fähigkeiten nämlich nicht vom Abschluss oder der sozialen Herkunft ab.[31] »Gebildet« sein kann man auch ohne Schulausbildung.

Diese Erkenntnis bestätigte sich für mich spätestens in meinem Studium. Während meiner Zeit an der Hochschule habe ich sehr intelligente Menschen kennengelernt, die das Studium nicht geschafft haben, und wurde gleichzeitig von Professor*innen unterrichtet, denen ich und meine Kommiliton*innen intellektuell überlegen waren. Auch in der Arbeitswelt habe ich Menschen in hohen Positionen getroffen, die es durch ihre privilegierte Ausgangslage dorthin geschafft hatten und kaum in der Lage waren, einfache Zusammenhänge zu verstehen.

Diskriminierung und Privilegien und die Ab- und Aufwertung von Menschen, die damit einhergehen, basieren eben niemals auf Tatsachen. Gruppen und bestimmte zugehörige Merkmale werden erfunden, um Unterdrückungs- und Ausbeutungsverhältnisse zu erzeugen, zu legitimieren und aufrechtzuerhalten. Deshalb passt die Realität auch nicht in diese erfundenen Kategorien. Unsere Identitäten sind komplex und stehen oft im Gegensatz zu den vorherrschenden gesellschaftlichen Ordnungsideologien, denen u. a. Klassismus und Rassismus zugrundeliegen. Menschen wie mein Baba dekonstruieren letztlich diese übermächtigen Ideologien.

Mit Anfang zwanzig schloss sich mein Baba der eritreischen Befreiungsfront ELF (Eritrean Liberation Front) an. Er hat im eritreischen Unabhängigkeitskrieg Menschen für ihre sozialistischen Überzeugungen nach Gleichheit, Solidarität und Emanzipation sterben sehen. Freiheit und Gerechtigkeit sind für ihn daher keine leeren Worthülsen, und politisch zu sein, bedeutet für ihn viel mehr, als alle vier Jahre zur Wahl zu gehen. Für Freiheit und Gerechtigkeit einzustehen, gehört zu seiner Grundhaltung. Es ist Teil seiner Identität und damit existenziell. Deshalb konnte ihm auch nie jemand Angst einflößen. Nicht die Polizei, nicht die Behörden und auch nicht seine Vorgesetzten. Ganz im Gegenteil: Sie sind häufig fast an ihm verzweifelt, denn er hat Ungerechtigkeiten stets angeprangert. Da er ihnen meist intellektuell überlegen war, konnten sie ihn nur im Zaum halten, wenn sie meinem Baba mit Respekt begegneten. Seine Art passte allerdings weder damals noch heute zu dem Verhalten, das von einem »einfachen« Arbeiter ohne Ausbildung erwartet wird. Doch Baba ließ sich auch durch Hierarchien nicht einschüchtern.

Er ist seit seiner ersten Erwerbstätigkeit in Deutschland Mitglied in einer Gewerkschaft. Wie für viele migrantische Arbeiter*innen war auch für ihn der Arbeitskampf ein zentrales Mittel, um kollektiv Widerstand zu üben und unmögliche Arbeitsverhältnisse anzuprangern. Schon in den 1970er Jahren begehrten migrantische Arbeiter*innen gegen ungerechte Löhne und unmenschliche Arbeitsbedingungen in Industriebetrieben auf. Einer dieser legendären Streiks fand 1973 beim Neusser Automobilzulieferer Pierburg statt und machte bundesweit Schlagzeilen. Migrantische Frauen*, die am Fließband fast ohne Pausen Vergaser zusammenbauten, wurden als »Gastarbeiter*innen« nicht nur als Menschen zweiter Klasse betrachtet, sondern von der Firma Pierburg auch entsprechend bezahlt. Anders als ihre (ebenfalls migrantischen) männlichen Kolleg*innen speiste man die Frauen* mit nur 4,70 DM Stundenlohn ab. Die Frauen* begehrten gegen diese sexistischen und rassistischen Praktiken in ihrem Betrieb auf und gingen in den Streik.[32] Der Streik führte zu einem achttägigen Arbeitskampf, dem sich mit der Zeit ein immer größerer Teil der männlichen migrantischen Belegschaft anschloss. Die Forderung der Arbeiter*innen nach »1 Mark mehr« wurde schlussendlich erfüllt. Dieser Erfolg hatte eine große Signalwirkung und führte bundesweit zu über 300 weiteren Streiks. Der damalige stellvertretende Betriebsratsvorsitzende von Pierburg, Dieter Braeg, hielt seine Erinnerungen an diese prägenden Tage in seinem Buch »Wilder Streik, das ist Revolution. Der Streik der Arbeiterinnen bei Pierburg in Neuss 1973« fest und schildert eine, wie ich finde, sehr eindrucksvolle Szene während dieser Phase der Arbeitsniederlegung: Eines Abends treffen sich Arbeiter*innen in einer Neusser Kneipe, wo ein weißer deutscher Servicemitarbeiter genervt fragt, »warum die Paselacken und Weiber überhaupt streiken«. Die dürften das gar nicht, sollten vielmehr froh sein, in Deutschland überhaupt Arbeit gefunden zu haben. Da springt eine migrantische Frau* auf: »Du Arbeiter, ich Arbeiter – warum nicht Solidarität?«[33]

Als mein Vater in den 80ern nach Deutschland kam, war die Phase der »wilden Streiks« längst Geschichte. Zu seiner Zeit wurde Arbeitsniederlegung immer gewerkschaftlich organisiert. Als wir letztes Jahr im Zuge seines Eintritts in die Rente über seine Arbeitserfahrungen in Deutschland sprachen, erzählte er mir unter anderem von seinen Streikerfahrungen. Naja, vielmehr erinnerte er mich daran, denn wenn bei meinem Baba gestreikt wurde, haben wir das zu Hause immer mitbekommen, weil er jeden Frust, aber natürlich auch die erfolgreichen Streikerfahrungen mit uns teilte.

In den 80er Jahren, so meinte er im Laufe unseres Gesprächs, war noch viel mehr Klassenbewusstsein und Solidarität in seiner Belegschaft zu spüren gewesen als heute. Alle verstanden, dass Arbeitsniederlegung ein wichtiges Instrument ist, um den Gewinn, den sie maßgeblich miterwirtschafteten, fairer zu verteilen. Sie verstanden auch, dass Solidarität kein

Selbstzweck ist, sondern zwangsläufig zu mehr Macht und Geld für alle Arbeiter*innen führt. Im Laufe seiner Erwerbstätigkeit musste mein Baba dann aber miterleben, wie dieses Verständnis von strategischer Solidarität bei seinen Kolleg*innen mehr und mehr verloren ging. Vor allem ab dem Zeitpunkt, an dem seine Firma an die Börse ging, also zur Aktiengesellschaft wurde. Der Erfolg seines Unternehmens wurde nun nicht mehr anhand des erwirtschafteten Gewinns gemessen, sondern am Aktienvermögen. Die Interessen der Arbeitnehmer*innen wurden durch die Interessen der Aktieninhaber*innen verdrängt. Um eine Wertsteigerung der Aktien zu ermöglichen und die Interessen der Aktionär*innen zu befriedigen, wurden in den Folgejahren Werke geschlossen, verkauft oder ins Ausland verlagert. Viele Kolleg*innen meines Vaters hatten nun Angst, ihren Arbeitsplatz zu verlieren, und schlossen sich deshalb auch nicht mehr alle zusammen den Streiks an. Dieser firmeninterne Wandel, der in dieser Zeit so oder so ähnlich überall stattfand, war für die Solidarität unter Arbeiter*innen nicht gerade förderlich.

Gerechtigkeit und Solidarität beschränken sich für meinen Baba aber nicht nur auf Arbeitsverhältnisse. Weit darüber hinaus hat er großes Interesse an globalen politischen Zusammenhängen. Wie viele Menschen, die auf dem afrikanischen Kontinent aufgewachsen sind, spricht auch mein Baba ganz selbstverständlich mehrere Sprachen. Deshalb lief bei uns zu Hause nonstop der Fernseher auf Deutsch, Arabisch, Tigrinja, auf Englisch, Italienisch und Amharisch. Die deutsche Berichterstattung reichte meinem Baba nicht aus, um sich ein Bild von komplexen politischen Ereignissen in der Welt zu machen. Dafür brauchte er verschiedene Stimmen und Perspektiven aus unterschiedlichen Regionen der Welt. Mit seinem lebhaften Interesse an Politik war er nicht allein: Die Freund*innen und Bekannten meiner Eltern verfolgten ebenfalls Nachrichten aus aller Welt, und so wurde unser Wohnzimmer regelmäßig ein Ort hitziger Diskussionen. Ungleichheit, Geschichte, Politik, Religion, Macht und die eigene Verstrickung darin – über alles wurde gestritten. Doch es blieb nicht nur bei Worten. Mein Baba und seine Freund*innen organisieren seit den 80er Jahren politische Gruppen, Demonstrationen und Veranstaltungen rund um die politische Lage in Eritrea.

Doch wichtiger als sein politisches Engagement war für meinen Baba immer seine Familie. Er hat uns vier Kinder als Babys gefüttert, gewickelt und getragen. Als wir größer wurden, ging er mit uns Klamotten kaufen und pflegte uns liebevoll gesund, wenn wir krank waren. Und wenn ich nachts unerwartet meine Periode bekam, hat er mein blutiges Bettlaken und meine Unterwäsche mit der Hand ausgewaschen. Er sprach mit mir auch über Verhütung – zwar war ich da schon Anfang zwanzig, aber was soll's. Und als mein Bruder ihn zum ersten Mal zum Opa machte, lachte er Freudentränen.

Mein Vater ist in patriarchalen Strukturen groß geworden. Ihm wurde die klassische heteronormative Rollenverteilung von »Mann« und »Frau« vorgelebt. Doch sein starker Sinn für Gerechtigkeit und seine Überzeugungen wirken wie ein innerer Kompass, an dem er sich in allen Lebenslagen orientiert. Einen solchen inneren Kompass bekommt man nicht mit dem Abiturzeugnis oder einem Hochschulabschluss. Man entwickelt ihn, indem man sich mit der Welt und sich selbst auseinandersetzt. Indem man sich selbst bildet.

Geschichten von Migrant*innen mit komplexen Identitäten und widerständigen Charakteren wie meinem Baba werden kaum erzählt. Sie existieren quasi nicht – und dadurch werden auch die Solidaritäten zwischen ihnen mehr oder weniger verschwiegen. Und das ist nicht ohne Grund so. Denn wenn solchen Geschichten mehr Raum gegeben würde, würden sich fundamentale Gegenerzählungen herauskristallisieren, die nicht in das Weltbild der weißen deutschen Mittelschicht (und darüber hinaus) passen. Zum einen zeigen sie, dass intellektuelle Fähigkeiten und Bildung keinen formellen hohen Abschluss voraussetzen. Und zum anderen machen sie deutlich, dass im Kapitalismus nicht Begabung und Fähigkeiten, sondern ökonomischer, sozialer und ethnischer Hintergrund über Arbeit und Lohn bestimmen.[34]

TOKEN ODER DIVERSITY

Diversity ist im Mainstream angekommen. Nahezu alle großen Firmen und Institutionen bilden auf ihren Werbeplakaten, Homepages und in Werbespots Menschen mit unterschiedlichen Körpern und Hautfarben ab. Insbesondere mit Schwarzen Menschen zu werben, scheint Ausdruck dieses neuen Verständnisses. Darunter geht gar nichts. In Stellenausschreibungen ebenso wie in Jahresberichten wird Diversity immer häufiger als wichtiges Unternehmensziel angegeben. Dies erweckt den Eindruck, dass Diversität in der Arbeitswelt nicht nur gewollt ist, sondern auch längst zur Realität gehört. Doch davon sind wir in der Praxis noch weit entfernt. Denn die Strukturen in den Unternehmen haben sich nicht verändert. Die weiße akademische Ober- und Mittelschicht besetzt immer noch mehrheitlich die oberen und mittleren Führungspositionen, und BIPoC schuften immer noch vorwiegend als Arbeiter*innen in den unteren Gehaltsklassen. Um diese offensichtliche strukturelle Benachteiligung und Unterrepräsentation von BIPoC in den Führungsetagen zu kaschieren, werden seit geraumer Zeit einzelne Bürojobs mit Schwarzen Menschen oder People of Color besetzt, wie ich selbst erfahren durfte. Zwar ist das schon ein paar Jahre her, und in gewisser Weise hat sich das Bewusstsein heute bestimmt ein wenig gewandelt, doch im Grunde unterscheiden sich die Strukturen heute nicht sehr von meinen damals.

Als Teil der »Generation Praktikum« habe auch ich nach dem Studium einige schlecht bezahlte Jobs angenommen, um meinen Lebenslauf aufzupolieren. Unter anderem bewarb ich mich auf ein Volontariat beim Goethe-Institut. Laut Stellenausschreibung suchten sie nach einer Person für die Strategieabteilung mit Kenntnissen in Controlling und Evaluation. Ich bewarb mich und bekam eine Einladung.

Ich bereitete mich bestmöglich vor und freute mich auf das Vorstellungsgespräch. Am Goethe-Institut angekommen, wurde ich von einer sehr sympathischen Mitarbeiterin in Empfang genommen, die mir auf dem Weg zum Besprechungsraum Mut machte. Zu dem Zeitpunkt dachte ich noch, wie gerne ich hier arbeiten würde, wenn die anderen auch so nett wären. Im Besprechungsraum warteten bereits eine Referentin und der Abteilungsleiter auf mich. Das Vorstellungsgespräch begann, und nach etwas Smalltalk und Fragen zu meinem Lebenslauf verschwand meine anfängliche Nervosität. Ich fühlte mich eigentlich ganz wohl, bis der Abteilungsleiter begann, mir sehr unerwartete Fragen zu stellen. Er wollte zum Beispiel wissen, welche impressionistischen Maler*innen oder welche Philosoph*innen der Aufklärung ich kenne. Wenn ich mich auf eine Stelle in der Kulturabteilung beworben hätte, wäre ich über solche Fragen nicht überrascht gewesen. Aber bis heute erschließt sich mir nicht, was das mit strategischem Controlling und Evaluation zu tun haben sollte. Er aber schien das anders zu sehen und befragte mich weiter zur sogenannten »deutschen Hochkultur«. Wen ich einladen und was ich thematisieren würde, wenn ich eine Veranstaltung mit zeitgenössischen Künstler*innen planen würde. Wieder musste ich schlucken. Nach einigem Nachdenken erwiderte ich kleinlaut, dass ich vor Kurzem auf Arte eine Doku gesehen hätte, bei der eine junge Schwarze Sängerin über Rassismus sprach. Sie würde ich einladen und das Thema auch gerne aufgreifen. Der Abteilungsleiter spürte wohl meine Unsicherheit und fing an zu lachen. Da begann es in mir zu brodeln. Am liebsten hätte ich ihm entgegengeschleudert: »Pass mal auf, wie du mit mir redest! Erstens hat bei uns niemand am Esstisch tote weiße Männer zitiert, die meine Vorfahr*innen mit dem N-Wort bezeichneten und behaupteten, wir seien weniger intelligent als weiße Menschen. Und zweitens habe ich doch gesagt, dass das Ding bei Arte lief. Außerdem scheiße ich auf euren Kulturimperialismus! Ich habe mich nur beworben, weil sich das Volontariat gut in meinem Lebenslauf macht!«

Aus meinem Mund kam aber nur: »Ich bin Betriebswirtin, Sie können mir gerne dazu weitere Fragen stellen.« Das war das Stichwort für die Referentin. Sie übernahm das Gespräch und stellte mir Fragen zu strategischem Controlling und Evaluation. Da ich mich in Controlling richtig gut auskenne, konnte ich zumindest diese Fragen leicht beantworten. Die nette Mitarbeiterin, die mich zum Besprechungsraum gebracht hatte, begleitete mich auch wieder zum Ausgang. Ich sagte ihr, dass es schön war, sie kennenzulernen, aber dass wir uns sehr wahrscheinlich nicht wiedersehen würden, und verabschiedete mich von ihr.

Ich hätte alles darauf verwettet, dass ich den Job nicht bekomme. Deshalb war ich umso überraschter, als mich die Referentin eine Woche später anrief, um mir zu sagen, dass sie sich für mich entschieden hätten. Meine Freude war gemischt mit gesunder Skepsis: Warum haben die *mich* genommen? Wollen die mich als »Token«, also als Aushängeschild, verwenden und damit zeigen, wie »bunt und weltoffen« das Goethe-Institut ist? Aber ich konnte mir diese Zweifel nicht leisten – es ging ja schließlich um diese große Institution und dann auch noch um die Strategieabteilung.

Ich trat den Job an, aber es stellte sich relativ schnell heraus, dass der Abteilungsleiter seine Machtposition gerne ausnutzte, um vornehmlich junge Frauen* bewusst zu erniedrigen und bloßzustellen. So wurde auch ich irgendwann Opfer seiner cholerischen Anfälle, woraufhin sich die Fronten zwischen mir und ihm verhärteten. Ich beschwerte mich bei der Personalabteilung, und fortan sprachen wir nicht mehr miteinander. Mein Volontariat war fast abgeschlossen, da wurde mir doch noch einmal deutlich vor Augen geführt, was ich anfangs schon befürchtet hatte. In meiner vorletzten Woche besuchte uns eine Delegation des British Council (das britische Pendant des Goethe-Instituts). Eine Kollegin stand an diesem Tag schon früh morgens aufgeregt vor meinem Büro. Der Abteilungsleiter ließe mir ausrichten, dass ich an dem Gespräch mit dem British Council teilnehmen solle. Ich fiel aus allen Wolken, denn da das nicht im Mindesten zu meinen Aufgaben gehörte, konnte es dafür eigentlich nur eine Erklärung geben. Dachte er wirklich, dass ich so blöd bin? Um meine Vermutung zu bestätigen, musste ich aber noch herausfinden, wer sonst noch zu dem Gespräch eingeladen worden war. Es stellte sich heraus, dass außer mir und einer anderen Volontärin, die als asiatisch gelesen wurde, nur die Abteilungsleiter*innen an dem Treffen teilnahmen. Damit war mir klar, dass ich richtig gelegen hatte, und ich ging direkt zum Büro meines Abteilungsleiters, blieb an der offenen Tür stehen und sagte: »Schade, aber wenn keine Frau mit Kopftuch dabei ist, kann ich leider nicht an dem Treffen teilnehmen.« Ich wusste, dass hier niemand mit Hijab arbeitete. Außerdem hatte er bei einem seiner vorangegangenen Ausraster eine islamfeindliche Aussage getätigt. Mit diesem einen Satz konnte ich also zwei Fliegen mit einer Klappe schlagen.

Mein Volontariat war ja zu diesem Zeitpunkt fast zu Ende, und mein Zeugnis hatte ich auch schon erhalten. Deshalb hoffte ich, dass er auf meine Provokation eingehen würde. Ich hoffte, dass er seine Fassade fallen ließe, aber diesmal nicht hinter geschlossener Tür, sondern so, dass alle seine diskriminierenden Aussagen hören konnten. Doch erstaunlicherweise tat er das nicht. Er erwiderte gar nichts, ich ging zurück in mein Büro, und das Treffen fand ohne mich statt.

Das gleiche Prinzip sehen wir auch heute noch oft, wenn große und mittelständische Unternehmen voller Stolz sogenannte Geflüchtete einstellen, um sich anschließend mit ihnen zu schmücken. Dabei fallen oft Sätze wie: »Diese Menschen sind so fleißig. Es kostet zwar viel Zeit sie einzuarbeiten, aber sie sind im Gegensatz zu den anderen Mitarbeitenden so fleißig und dankbar.« Und es passt natürlich auch prima in das Narrativ der »praktisch begabten«[35] migrantischen Arbeiter*innen. Was damit von Vornherein ausgeschlossen wird, ist die Möglichkeit, dass die gleichen Menschen einmal in die Führungsetage ihrer Unternehmen aufsteigen könnten. Nur wenn das selbstverständlich wäre, könnten wir annähernd von echter Diversity sprechen.

Von dieser Tatsache darf auch die immer exzessiver werdende Darstellung von Schwarzen Körpern in Werbung und Medien nicht ablenken. Die Journalistin Minh Thu Tran sagt zu Recht, dass Minderheiten in den Medien nichts an struktureller Diskriminierung ändern oder daran, dass nur ein verschwindend geringer Teil der BIPoC in Führungsposition gelangt.[36] Hier sollte man daher nicht von Diversity, sondern eher von Diversity Washing sprechen. Bei dieser neuen Marketingstrategie werden gezielt Minderheiten in Werbekampagnen vermarktet, um das Unternehmensimage als divers und diskriminierungskritisch darzustellen. Die meisten dieser Kampagnen gaukeln aber nach außen etwas vor, was die Unternehmenskultur in der Realität nicht abbildet. Dadurch profitieren diese Unternehmen von Diversity-Kampagnen, ohne irgendwas an ihren internen diskriminierenden Strukturen zu ändern. Beim Diversity Washing handeln Unternehmen und Agenturen so, als sei Diversity nur ein weiterer Trend, der irgendwann vorbei ist. Aber wir sind kein Trend, und wir werden auch nicht wieder verschwinden. Im Gegenteil: Wir werden immer mehr.

»Rassismus. Strukturelle Probleme brauchen strukturelle Lösungen!«, so lautet der Titel des 2021 erschienenen Buches von Natasha A. Kelly, der für alle, die ernsthaft antirassistische Arbeit betreiben wollen, Programm sein sollte. Für die Soziologin und Aktivistin führt ein falsches Verständnis von Diversity nicht nur zu Diversity Washing, sondern eben auch zu Tokenismus. Für echte Veränderung reicht es nicht aus, einzelne Stellen oder Werbeplakate mit beispielsweise Schwarzen Menschen zu besetzen. Es braucht strukturelle Veränderungen, und die kommen in der Regel nicht von den Menschen, die in der Vergangenheit von Rassismus und den daraus für sie resultierenden Privilegien profitiert haben.[37]

3. WUT

BEGINN EINER RASSISMUSKRISE

DER LANGE SOMMER DER MIGRATION

Kurz vorab: Ich werde in der folgenden Analyse versuchen, komplexe Gruppierungen und ihre Entwicklungen zu beschreiben. Dafür muss ich einige Sachverhalte stark vereinfachen und verkürzen und spreche deutlich subjektiver als in den vorangegangenen Kapiteln. Ich kann nur so über die normalisierte Gewalt, die wir in unserer Gegenwart erfahren, schreiben, indem ich meinen Gefühlen Ausdruck verleihe. Und das führt durchaus auch dazu, dass ich an manchen Stellen deutlich austeile. Denn: Wut ist der Antrieb unserer Revolution! Und diese Wut möchte ich euch allen durch meine Sicht so begreiflich machen, dass ihr mir auf meinem Weg folgen und meine Einladung zum »Wir« annehmen mögt.

»Der lange Sommer der Migration«[1] war keine »Flüchtlingskrise«, sondern eine Rassismuskrise. Dabei haben sich zu Beginn zwei extreme Lager formiert. Die Rechten, die sehr erfolgreich auf Schließung der Grenzen und Abschiebungen drängten, und die Linken, die zuerst kleine und dann gigantisch große Demonstrationen organisierten, Geflüchtete zu unterstützen versuchten und sich offen gegen Nazis stellten. Und dann war da noch der große schweigende Rest. Dieser

Rest bestand nicht nur aus weißen Deutschen. Ich frage mich: Wo waren die Stimmen, die Wut und die Solidarität von uns BIPoC damals? Die Geflüchteten hätten doch auch wir sein können. Die Geschichte wiederholt sich, und wir alle haben schon wieder versagt.

Als Menschen auf der Suche nach Sicherheit dieses Land betraten, kam wieder die hässliche Fratze des Völkischen hervor, ganz so, als hätte sie nur darauf gewartet. Wir wussten schon immer, dass sie noch da ist, aber niemand wollte es uns so recht glauben. Wir seien zu empfindlich, zu sensibel, meinten alle, als wir warnten. Nun ist es zu spät. Rassismus war immer da, doch jetzt paarte er sich wieder lautstark mit faschistischem Gedankengut. Auch einige migrantische Menschen stimmten diesmal in den Chor mit ein. Denn die menschenverachtende Sprache und die angstschürenden Bilder kommen aus der Mitte der Gesellschaft – und sprechen auch Menschen mit älteren Migrationsgeschichten an.

»Euch meinen wir doch gar nicht«, sagten sie, »ihr seid ja integriert.« So wurde plötzlich eine Klasse geschaffen, die unter uns stehen sollte. Wir, die »gut Integrierten«, wurden schlagartig zu den »guten Migrant*innen« gemacht und damit auch »zu Kompliz*innen einer Gegenwart beschränkter Solidarität«.[2]

Wir alle schauten einfach nur zu, während Lager erschaffen und Zäune errichtet wurden.

»Die Würde des Menschen ist unantastbar. Sie zu achten und zu schützen, ist Verpflichtung aller staatlichen Gewalt.« So steht es im Artikel 1 (1) des deutschen Grundgesetzes. Es gibt keinen Nebensatz, in dem Geflüchtete ausgenommen werden vom Menschsein. Aber in unseren Köpfen scheint es ihn zu geben. Deshalb lassen wir es zu, dass mit unseren Steuergeldern eine menschenverachtende Bürokratie finanziert wird, die Menschen wie selbstverständlich als Geflüchtete kategorisiert, um sie in sogenannten »Flüchtlingsunterkünften« und Ankerzentren einzupferchen. Ein einfaches Stück Papier entscheidet über den Wert eines Menschen. Und ein Abschiebebescheid besiegelt endgültig den erniedrigenden Prozess der Abwertung.

Wie können Menschen andere Menschen nur so behandeln? Wer gibt uns das Recht? Und wer zum Teufel hat eigentlich dieses Ding mit den Pässen, Grenzen und Nationalstaaten erfunden? Warum hinterfragen so wenige, dass wir mit unserem deutschen Pass überall leben dürfen, umgekehrt aber Menschen mit dem »falschen« Pass mit aller Gewalt daran gehindert werden, einen Fuß in dieses Land zu setzen? Wo bleibt unsere Solidarität? Warum reißen wir nicht gemeinsam die Mauern und Grenzen nieder, die ja doch nur für uns und unsere vermeintliche Sicherheit existieren?

Stattdessen stehen wir an Bahnhöfen und klatschen. Und bestätigen uns damit in unserer Humanität, während wir gleichzeitig Gefängnisse und neue Orte des Grauens erschaffen. Eine Parallelwelt, nur für Geflüchtete.

Die Unterkünfte dieser Parallelwelt sind so marode, dass sie eigentlich abgerissen gehören. Hygienebedingungen und sanitäre Anlagen sind katastrophal. Junge, Alte, Kranke und Schwangere werden eingezäunt und ihrer Freiheitsrechte beraubt. Noch nie habe ich so viele Menschen über Suizid sprechen hören wie in Gesprächen mit jenen, die dort wohnen müssen. Dennoch wachsen diese Orte der ständigen Retraumatisierung noch immer wie Pilze aus dem Boden. Wenn du sie betrittst, hast du das Gefühl, dass dort alle Regeln und Gesetze, die in Deutschland sonst so hochgehalten werden, einfach nicht gelten. Zum Beispiel werden Mitarbeitende, die noch einen Rest Mitgefühl zeigen, indem sie es wagen, auf die Bedürfnisse der Menschen einzugehen, direkt abgestraft. Es werden Familien getrennt, Minderjährige als volljährig erklärt, damit sie keine »Sonderrechte« bekommen. Gesundheitliche Versorgung wird auf ein Minimum reduziert, und traumatisierte Menschen erhalten kaum Unterstützung, im Gegenteil: Ihr »auffälliges Verhalten« wird diszipliniert. Abschreckung nennen sie das, ohne dabei mit der Wimper zu zucken.

Ganz bewusst und mit System werden die Menschen dort kleingehalten, denn es gilt ja, eine neue Unterklasse zu konstruieren. Es sollen Orte der Verzweiflung bleiben, damit weniger Neue kommen.

Zu den neuen Gehilf*innen dieser Abschreckungspolitik zählen auch die Sicherheitsleute der Security-Firmen, die vor jede Unterkunft gestellt werden.[3] Habt ihr euch nicht auch schon einmal gefragt, warum es uniformiertes Wachpersonal vor Unterkünften braucht bzw. für wessen Sicherheit diese Leute eigentlich sorgen sollen? Wenn man sich die Praktiken einiger Securities anschaut, kann man den Eindruck gewinnen, sie seien Gefängniswärter*innen. Vergleichbar mit den Wärtern in dem Film »Das Experiment« mit Moritz Bleibtreu in der Hauptrolle – nur noch sadistischer. Unter ihnen sind Nazis und Vergewaltiger,[4] aber die Polizei tut gegen deren unmenschlichen Umgang mit den Geflüchteten natürlich nichts.[5] Auch das hat System. Wozu werden Menschen sonst als »illegal« bezeichnet? Weil sie nur dann eigentlich nicht hier sein dürften. Und wenn man nicht sein darf, hat man auch keine Rechte. Wenn man keine Rechte hat, können andere mit dir machen, was sie wollen. So wie viele dieser sogenannten Sicherheitsleute.

Ich habe als Kind oft mit meinen Eltern zusammen Nachrichten geschaut und nie verstanden, wie man einfach nur zusehen kann, während andere entmenschlicht oder umgebracht werden. Nachts lag ich oft wach und habe mir vorgestellt, wie ich gegen das Böse in der Welt kämpfe. Als Erwachsene, so schwor ich mir, würde ich niemals stumm bleiben, wenn ich Zeugin von Ungerechtigkeit würde. Heute bin ich erwachsen, und Menschen werden immer noch entmenschlicht und umgebracht. Und was machte ich? Ich ging »helfen«.

Ich ging in Lager und sprach mit den Menschen, die dort leben müssen. Dabei war ich mir der paternalistischen Strukturen und meiner zwiespältigen Rolle als »Helferin« oder Übersetzerin durchaus bewusst, doch ich wusste nicht, was ich alternativ hätte tun können. Ich wusste nur, dass gar nichts zu tun keine Option war. Also ging ich mehrmals die Woche nach der Arbeit in Unterkünfte, um Geflüchtete zu beraten. Doch kam es meistens gar nicht zu irgendeiner Art von Beratung, denn die meisten, mit denen ich sprach, waren nicht im Hier und Jetzt. Sie befanden sich immer noch im Transit. Weder dort noch hier. Wie hätte es auch anders sein sollen? Ihre Bewegungsfreiheit wurde nach ihrer Ankunft in Deutschland massiv eingeschränkt. Alles, was sie taten, wurde kontrolliert.

Sie wurden gezwungen, in Lagern zu leben, und wenn sie diese verließen, mussten sie immer und überall ihre Papiere vorzeigen. Diese Kontrollinstrumente wurden nicht konzipiert, damit Menschen sich wohlfühlen. Nein, sie sollten klar machen, dass die, die jetzt ankamen, nicht willkommen waren.

Und die Menschen, die ich zu beraten versuchte, wussten das auch. Deshalb wollten sie in den meisten Fällen auch gar keine Beratung – so wie es sich die Organisation, für die ich ehrenamtlich arbeitete, vorstellte. Sie wollten in erster Linie mit mir darüber sprechen, dass sie systematisch erniedrigt und entmenschlicht werden. Aber darauf war ich nicht gefasst. Ich war vorbereitet auf Fragen wie: Wo bekomme ich gesundheitliche Erstversorgung? Oder juristische Hilfe? Woher bekomme ich etwas zum Anziehen? Oder eine Prepaid-Karte? Aber das konnten sie sehr gut selbst herausfinden, und wenn nicht, würden sie dafür weiße Menschen um Hilfe bitten. Von ihrer Schwester, also mir, wollten sie wissen, warum die Menschen und die Strukturen hier so verdammt rassistisch sind.

Diesen Fragen war ich nicht gewachsen. Also schaltete ich in den Automodus: Ich betete das herunter, was ich als Kind in diesem rassistischen System gelernt hatte, um zu überleben: »Fallt bloß nicht auf. Hinterfragt nicht. Nur so könnt ihr physisch überleben!«

Physisch überleben! Diese Worte sagen ganz schön viel darüber aus, wie komplett überfordert ich damals war. Ich verstand genau, was sie meinten. Trotzdem oder gerade deswegen hatte ich nicht das Recht, ihren Anspruch, als Menschen wahrgenommen und auch so behandelt zu werden, auf ein Minimum zu reduzieren. Mit Schwarzen Menschen außerhalb der Lager führte ich Gespräche über Rassismus anders. Ich wäre nie auf die Idee gekommen *ihnen* zu sagen, dass Schwarze Menschen nichts hinterfragen sollten. Dennoch tat ich genau das bei den Menschen in den Lagern.

Warum also habe ich reagiert, wie ich reagiert habe? Die Antwort ist, dass ich in meinem Automodus nur auf die Rassismusstrategien zurückgreifen konnte, die auf meinen persönlichen Erfahrungen beruhten. Widerstand in der Schule, bei der Arbeit, im Supermarkt, bei Behörden. Kein Problem. Been there, done that. Aber wie man innerhalb des Asylsystems agieren und reagieren sollte, davon hatte ich keine Ahnung. Meine Strategien bauten automatisch auf Privilegien wie Staatsbürger*innenschaft, Sprache und Bildung auf. Niemand hatte mir je meinen Aufenthaltstitel wegnehmen können, egal was ich tat. Aber bei Menschen, die in diesem abgefuckten Asylsystem stecken, ist das anders. Also dachte ich, ich müsse mich innerhalb der Lager mit meiner Systemkritik zurückhalten, Menschen ohne sicheren Aufenthaltstitel ein Gegenüber bieten, das ihnen Hoffnung gibt und Mut machen kann. Ich wollte sie nicht mit Gesprächen über White Supremacy (weiße Vorherrschaft) demoralisieren, weil es in meiner Vorstellung keine Form des Widerstands gab, die nicht gegen sie verwendet werden würde.

Ich hielt meinen »Kopf ausschalten und funktionieren«-Modus, wie ich ihn heute nenne, monatelang durch. Ehrlich gesagt, ging es auch nicht anders. Ich hatte während dieser Zeit kaum Ruhe zum Nachdenken und Reflektieren. Mein Telefon klingelte ununterbrochen. Ständig gab es einen Notfall, bei dem ich gebeten wurde, zu »helfen« oder zu übersetzen. Um auf Abruf bereitstehen zu können, musste ich die vielen traumatisierenden Geschichten, die mir erzählt wurden, verdrängen.

Das änderte sich, als ich Ende 2014 über die Facebookseite »Refugee Struggle for Freedom« von streikenden Aktivist*innen in der Münchener Innenstadt erfuhr. Um die 40 Refugeeaktivist*innen hatten ein Protestcamp am Sendlinger Tor aufgeschlagen, und einige von ihnen waren in Hungerstreik getreten. Das Sendlinger Tor lag damals auf meinem Arbeitsweg, also nahm ich mir vor, am nächsten Tag dort vorbeizuschauen. Ich weiß noch genau, wie angespannt ich bis dahin war. Was würde mich dort erwarten? War es überhaupt angebracht, dorthin zu gehen? Die Aktivist*innen werden bestimmt den ganzen Tag begafft, dann muss ich doch nicht auch noch dort auftauchen. Aber vielleicht könnte ich ja irgendetwas tun? Mit diesem letzten Gedanken machte ich mich gegen 17 Uhr auf den Weg zum Protestcamp. Von Weitem konnte ich kaum etwas erkennen. Es war bereits dunkel und der Platz sehr belebt. Das Sendlinger Tor ist einer der Hauptknotenpunkte der Münchener Innenstadt. Zu dieser Uhrzeit ist dort immer viel Verkehr, Menschen warten auf Straßenbahn und U-Bahn, um nach Hause zu fahren. Ich musste also näher ran. Schließlich sah ich die Aktivist*innen unter einem einfachen Zelt eng beieinandersitzend und -liegend auf dem Boden. Die meisten von ihnen waren in Schlafsäcke und Decken gehüllt. Entgegen meiner Vorstellung blieb kaum jemand bei ihnen stehen. Die meisten Leute gingen einfach vorbei. Nur die Wartenden an der Haltestelle direkt daneben beobachteten das Camp mehr oder weniger neugierig. Ich beschloss, mich noch näher heranzuwagen. Die meisten der Aktivist*innen waren sichtlich erschöpft, trotzdem nickten mir einige zu. Vor lauter Scham traute ich mich kaum, ihr Nicken zu erwidern. Ich sah in ihre Gesichter und blickte in einen Spiegel. Doch unsere Lebensrealitäten hätten nicht weiter voneinander entfernt gewesen sein können. Mein machtvoller Pass und zahlreiche andere Privilegien trennten mich von meinen Geschwistern. Privilegien, die von einem System vergeben werden, das darauf ausgelegt ist, Menschen zu kategorisieren und zu hierarchisieren.

> »Der Hungerstreik ist ein politisches Werkzeug all derer, die von vielen anderen politischen Mitteln abgeschnitten sind. In den letzten Jahren haben Non-Citizens immer wieder Hungerstreiks organisiert, als Antwort auf das erzwungene Leben in Lagern, die ständige Angst vor Abschiebung und dem rassistischen Ausschluss aus der Gesellschaft, der seine hässlichste Fratze im deutschen Mob auf der Straße zeigt. Im politischen Mittel des Hungerstreiks zeigt sich diese Gewalt, die im Leben von Geflüchteten allgegenwärtig ist. Non-Citizens sind eingesperrt und von der Gesellschaft ausgeschlossen, während sie psychisch getötet werden.«[6]

Beschämt und verloren schaute ich mich um, da kam ein*e Unterstützer*in auf mich zu und fragte, ob ich den Protest unterstützen wollte. »Ja, aber ich habe ein Kind«, antwortete ich, als ob sie danach gefragt hätte. »Kein Problem, es gibt unterschiedliche Möglichkeiten, uns zu supporten«, sagte sie und zählte auf, welche Aufgaben ich übernehmen könnte. Ich trug mich in eine Liste ein und versprach, wiederzukommen.

Als ich am nächsten Abend meine Social-Media-Kanäle checkte, erfuhr ich, dass die Polizei angefangen hatte, das Protestcamp zu räumen. Einige der Aktivist*innen kletterten bei Eintreffen der Polizei auf die nahegelegenen Bäume und harrten dort bis zum nächsten Morgen aus. Erst als der Oberbürgermeister eintraf und Verhandlungen über ihre Forderungen anbot, kamen die Aktivist*innen von den Bäumen.

Das Camp war geräumt, meine Unterstützung dort nicht mehr vonnöten, aber der Protest damit noch lange nicht beendet. Überall in Deutschland übten Menschen Widerstand gegen die Zustände in den Lagern und die menschenverachtende Bürokratie. Refugeeaktivist*innen wie die am Sendlinger Tor, organisierten sich selbst in Gruppen, unter anderem in der schon genannten »Refugee Struggle for Freedom«, um politisch mehr fordern zu können, als nur irgendwie physisch zu überleben. Sie forderten mit ihren Protestaktionen »Bleiberechte für alle«, worunter sich das Recht auf Arbeit, Bildung und freie Wahl des Wohnortes subsumierte. All dies sind staatsbürgerliche Rechte – weshalb sie auch nichts weniger als das für alle einforderten.[7] Den Aktivist*innen war klar, dass ihrer Entmenschlichung das Prinzip der Staatsbürger*innenschaft zugrunde lag, womit Erstere gerechtfertigt wurde. Um dieser Logik intellektuell und sprachlich etwas entgegenzusetzen, etablierten sie den Begriff »Non-Citizen/Nicht-Bürger*in«. Diese Selbstbezeichnung macht auch deutlich, dass sie stigmatisierende Fremdbezeichnungen wie »Flüchtling« oder »Asylsuchende« ablehnten.[8] Die Aktivist*innen dekonstruierten also nicht nur das paternalistische und entmenschlichende Asylsystem, sondern auch die rassistische Ordnungslogik von Staatsbürger*innenschaft.

Das zeigte sich einmal mehr bei meiner Begegnung mit Jennifer Kamau bei einer Veranstaltung im Jahr 2015. Jennifer ist Mitbegründerin der feministischen und antirassistischen Gruppe »International Women* Space«, die 2012 während der Besetzung der Gerhart-Hauptmann-Schule in Berlin-Kreuzberg gegründet wurde. Damals besetzten mehrere Hundert Geflüchtete das leerstehende Schulgebäude und bewohnten es bis zur Zwangsräumung im Jahr 2018. Nach besagter Veranstaltung zur Mobilisierung von Geflüchteten kamen wir ins Gespräch und unterhielten uns über Schwarzen Feminismus und die Widerstandsformen des Refugee Movements. Von uns FLINTA* afrikanischer Herkunft, so Jennifer, könnten so viele Bewegungen noch etwas lernen. Wir kämpfen jeden Tag gegen das Patriarchat, gegen Rassismus und Kapitalismus – deshalb sind unsere Proteste auch niemals eindimensional. Black Liberation hat viele Ebenen, wobei unser größter Feind immer der Kapitalismus bleiben wird. Der Wohlstand in diesem Land basiert auf der Ausbeutung unserer Vorfahr*innen, der Plünderung der Bodenschätze und der Zerstörung der Lebensgrundlagen auf dem afrikanischen Kontinent. Dadurch ist der Wohlstand hier auch unser Wohlstand. Allein diese Tatsache gibt uns jedes Recht der Welt, hier zu sein. Wir brauchen keine Genehmigung, keine Papiere oder einen Pass, der unser Existenzrecht rechtfertigt. Jennifer hat die Gabe, ihre Analysen sehr klar und präzise auf den Punkt zu bringen. Ich konnte ihre Haltung in jedem ihrer Worte spüren. Sie zu treffen und mit ihr zu sprechen, waren eine Ehre und ein großes Privileg.

Nach meinen Erfahrungen der letzten Jahre wäre ich heute wahrscheinlich nicht mehr so überfordert wie damals. Ich würde wohl nicht mehr so paternalistische Ratschläge geben, sondern einfach nur zuhören. Und wenn ich dann noch Kapazitäten übrighätte, würde ich mein Gegenüber fragen, wie ich es unterstützen kann.

Neben »Refugee Struggle for Freedom« und »International Women* Space« waren es u. a. auch Netzwerke wie »The Voice Refugee Forum« und »Jugendliche ohne Grenzen«, die Forderungen nach einem humanen Asylsystem und globaler Bewegungsfreiheit artikulierten und das auch noch immer tun. Außerdem gab es unzählige geflüchtete Aktivist*innen, die sich ohne Gruppennamen mit ihren Mitbewohner*innen zusammenschlossen und sich in ihren jeweiligen Lagern organisierten – gegen die Residenzpflicht, gegen Essenspakete und gegen Abschiebungen.

Diese und andere Formen der Selbstermächtigung und politischer Mobilisierung von Geflüchteten sind nichts Neues, sie existieren seit mehreren Jahrzehnten. Doch obwohl es in den letzten Jahren kaum ein wichtigeres Thema als Migration gab, wurde über die politischen Interventionen von Refugeeaktivist*innen kaum berichtet. In Medien, Politik und Gesellschaft sprach man ständig nur *über* die Menschen statt *mit* ihnen – als ob sie keine eigene Meinung, keine eigene Stimme hätten. Damit sollten nicht nur sie selbst, sondern auch ihre politischen Kämpfe unsichtbar gemacht werden. Dabei gab es in vielen Städten selbstorganisierte Protestaktionen, die Teil einer größeren sozialen Bewegung waren. Dazu gehörten Demonstrationen, Botschaftsbesetzungen, Touren zur Mobilisierung von Geflüchteten in abgelegenen Sammelunterkünften, die schon erwähnte Besetzung der leerstehenden Gerhart-Hauptmann-Schule in Berlin sowie einige Hungerstreiks. Aber auch Protestcamps wie die am Oranienplatz in Berlin (auch O-Platz genannt) waren Ausdruck der sozialen Bewegung. Am 6. Oktober 2012 kamen etwa hundert Geflüchtete aus ganz Deutschland nach einem langen Marsch aus Würzburg in Berlin an. Mit dem Marsch und der anschließenden Besetzung des Oranienplatzes brachten sie ihren Protest gegen die deutsche und europäische Asylpolitik zum Ausdruck.

Neben diesen traditionellen Widerstandsformen wurden auch Projekte zum Aufbau nachhaltiger Strukturen umgesetzt. Dazu gehören die zahlreichen Refugee-Konferenzen, die Herausgabe des Movement-Magazins oder die Wanderausstellung »We Will Rise«[9] und andere Projekte zur Archivierung der Geschichte der Refugeebewegung. Um diese vielfältigen Widerstandsaktionen jetzt, einige Jahre später, wieder ins Gedächtnis zu rufen, organisierte das bereits erwähnte Netzwerk International Women* Space im Oktober 2022 die Veranstaltung »O-Platz wird 10 – Baustelle Migration«. An der Feier nahm neben zahlreichen alten und neuen Aktivist*innen, auch eine Ikone der Schwarzen Bürgerrechtsbewegung teil – Angela Davis.[10]

So wie ich haben viele BIPoC durch die Protestaktionen unserer mutigen Geschwister in Berlin, München, Hamburg, Nürnberg und weiteren Städten viel über uns selbst und den Zustand dieser Gesellschaft gelernt. Wir wussten zwar um den tiefsitzenden Rassismus in diesem Land, doch waren wir ihn bisher subtiler gewöhnt. Aber ab 2015 wurden unsere Geschwister, nur weil sie noch nicht so lange hier waren wie wir, systematisch unterdrückt und sogar auf offener Straße angegriffen. Man hat versucht, ihre Kämpfe und unsere Kämpfe voneinander zu trennen, aber ohne Erfolg. Die Öffentlichkeit hat die Refugeebewegung und ihre Forderung nach Menschenrechten ignoriert und stattdessen rechte Gruppierungen mit Aufmerksamkeit bedacht. Doch wir haben unsere Geschwister sehr wohl gehört und gesehen. Spätestens, als die AfD in den Bundestag einzog und das neue Heimatministerium gegründet wurde, war allen klar, dass Faschist*innen und Rassist*innen letztendlich keinen Unterschied machen zwischen Staatbürger*innen und Nicht-Staatbürger*innen. Die Wucht des wiedererstarkten Völkischen hat uns zwar zunächst sprachlos gemacht, doch dann haben wir uns wieder gefangen und still und leise an unserem politischen Gegenangriff gearbeitet. Denn Veränderung kommt nicht durch Integration, Anpassung, Nicht-Auffallen. Sie kommt durch Widerstand. Das haben uns unsere Geschwister und viele Aktivist*innen vor uns gelehrt.

WUT – DIE HYMNE EINER GENERATION

Debatten gegen Diskriminierung und für mehr Gerechtigkeit werden in unserer Gesellschaft seit einiger Zeit schärfer geführt. Aber nicht nur in der Politik, den Medien oder im Kulturbetrieb, sondern auch im Privaten. Eine »Spaltung der Gesellschaft« ist in aller Munde. Und es stimmt: Viele migrantische Menschen wie ich, die Sexismus, Rassismus, Klassismus und andere strukturelle Diskriminierungen erfahren, halten ihre Wut nicht mehr zurück und greifen stärker in die Debattenkultur ein. Wütend sind wir schon lange. Aber anders als früher sind wir heute nicht mehr bereit, unsere Wut zu verdrängen oder einfach nur runterzuschlucken. Wir sind laut geworden – und viele.

Rassismus ist eine gesamtgesellschaftliche Bedrohung, deshalb darf nicht nur ein Teil der Bevölkerung von den Ereignissen der letzten Jahre betroffen sein. Auch weiße Menschen müssen die Wut über den tiefsitzenden Rassismus in unserer Gesellschaft in sich tragen. Es gibt auch jede Menge »Süßkartoffeln«, wie der Journalist Mohamed Amjahid weiße Allies liebevoll nennt. »Süßkartoffeln« sind nach seiner Definition Menschen, die sich mit ihren eigenen Privilegien auseinandersetzen und sich die Kritik von Betroffenen zu Herzen nehmen.[11] Man muss nicht selbst von Rassismus betroffen sein, um ihn zu spüren. Weiße Menschen merken meist sehr wohl, wenn sie in Gegenwart von Schwarzen Menschen Privilegien erhalten oder wenn sie selbst (unbewusst) rassistisch agieren. Nur schlecht fühlen mussten sie sich in der Vergangenheit deshalb nicht. Weil sie bis vor einigen Jahren kaum jemand mit ihrem rassistischen Verhalten konfrontiert hat.

Meine Aufforderung lautet daher: Seien wir endlich gemeinsam wütend! Duckt euch nicht weiter weg! Ob ihr wollt oder nicht, wir alle sitzen im selben Boot. Denn: In einer rassistischen Gesellschaft zu leben, verschließt uns allen den Weg zu echter Menschlichkeit – auch denen, die von weißen Privilegien profitieren. Also, empört euch endlich alle! Aber so richtig. Seid wütend! Und übernehmt Verantwortung! Seid

Teil der Veränderung! Nutzt eure Macht – im Kindergarten, in der Schule, am Arbeitsplatz, in der Politik und den Medien. Überall. Tut das Richtige für die ganze Gesellschaft, auch wenn ihr Widerstand, Angst und Ablehnung erfahrt – ohne direkt Applaus zu erwarten. Oder, um es mit den Worten der Medienschaffenden Anna Dushime zu sagen: »Stop asking for a cookie, every time you act like a decent human being.«[12] Aber wenn ihr Argumente braucht für die vielen Streitgespräche, die ihr in Zukunft führen werdet, dann bedient euch gerne an dem, was ich euch in diesem Buch berichte.

Eine wichtige Voraussetzung für den Perspektivwechsel ist, das Thema Wut besser zu verstehen. Wut zu erklären ist jedoch sehr komplex. Man kann sie sowohl aus biologischer, psychologischer als auch kultureller Sicht betrachten und je nachdem zu unterschiedlichen Definitionen kommen. Daher ist es an dieser Stelle wichtig, den Begriff für unsere Zwecke etwas besser einzugrenzen.

Wut wird in unserer Gesellschaft als negatives Gefühl oder negativer Ausdruck betrachtet und zum Teil auch tabuisiert. Dabei gibt es einen essenziellen Unterschied zwischen konstruktiver und destruktiver Wut, aber dazu an anderer Stelle mehr. Wut gehört zur menschlichen emotionalen Grundausstattung und ist unsere stärkste natürliche Waffe. Wenn wir sie konstruktiv nutzen, haben wir die Möglichkeit, uns selbstbestimmt zu erleben, indem wir selbst entscheiden, was wir wollen bzw. nicht wollen. Wir können die Kraft der Wut als Antrieb nutzen, um Neues zu schaffen oder fundamentale Veränderungen herbeizuführen. Versuchen wir hingegen, diese Art der Wut zu unterdrücken, so kann sie sich gegen uns selbst richten und uns mental und körperlich krank machen.[13] Im Kontext dieses Buches bedeutet das, dass Menschen, die täglich Rassismus erleben und kein Ventil für ihre Wut haben, sowohl nach innen als auch nach außen destruktiv werden können. Oder, um es mit den Worten der Autorin Ciani-Sophia Hoeder zu sagen: »Die Wut ist da. Und wie sie da ist. Wir leben sie nur nicht aus.«[14]

Nun wissen wir also, was Wut ist bzw. wofür sie in unserem Kontext gut ist. Warum aber spüren gerade so viele migrantische Menschen diese starke Wut? Ein Grund liegt darin, dass der Wohlstand in Deutschland, in der Mitte des letzten Jahrhunderts wie heute, auf der Ausbeutung von migrantischen Menschen basiert. Schon für die vielen, die in den 1950er und 1960er Jahren als sogenannte »Gastarbeiter*innen« nach Deutschland kamen, waren nur die »einfachen Jobs« vorgesehen.

Der Wirtschaftsaufschwung nach dem Zweiten Weltkrieg konnte in Deutschland, aus unterschiedlichen Gründen, nicht mehr durch genug billige inländische Arbeitskräfte weiter befördert werden. Also wurden Anwerbeabkommen mit Italien, Spanien, Griechenland, der Türkei, Marokko, Tunesien, Portugal und Jugoslawien geschlossen, um den Arbeitskräftemangel auszugleichen. Die Anstellung von ausländischen Arbeitskräften eignet sich dabei auf besondere Weise, weil so »Arbeitsmarktforderungen nach oben und unten ausgeglichen werden konnten«, so der Dachverband der deutschen Arbeitgeberverbände.[15] Mit diesem typisch behördendeutschen Satz ist folgendes gemeint: Durch das sogenannte Inländerprimat (Bevorzugung von deutschen Staatsbürger*innen auf dem Arbeitsmarkt) konnten bei sinkender Konjunktur »Gastarbeiter*innen« schnell wieder entlassen werden. Gleichzeitig fungierten sie aber als Arbeitskraftreserve, auf die leicht zurückgegriffen werden konnte, sobald die Wirtschaft wieder anlief. So wurde eine konstant hohe Zahl an arbeitslosen Menschen produziert, die im Konkurrenzkampf um Arbeit und Existenz bereit waren, auch für weniger Geld zu arbeiten. Die dadurch erzwungene Senkung des Durchschnittslohns führte zu den erwünschten Profiten bei deutschen Unternehmer*innen.[16]

Ferda Ataman, Mitbegründerin des Netzwerks der »Neuen deutschen Medienmacher*innen« und seit 2022 Bundesbeauftragte für Antidiskriminierung, fragt daher zu Recht: »Wer bitte lässt seine Gäste Toiletten putzen und Akkordarbeit am Fließband verrichten? Das Wörtchen ›Gast‹ sollte eigentlich nur klarstellen: Die gehen wieder.«[17] Man hat die Menschen damals nach Deutschland geholt, weil man nach dem Zweiten Weltkrieg ihre Arbeitskraft brauchte. Sie haben dieses Land mitaufgebaut, und dafür erwartete man von ihnen Dankbarkeit. Aber Migrant*innen, damals wie heute, sind weder Gäst*innen, noch müssen sie dankbar sein, wenn sie ausgebeutet werden. Sie sind Bürger*innen dieses Landes, sie haben Rechte, und Deutschland ist ihre Heimat.

Ständig wird über Migrant*innen unter dem Gesichtspunkt ihres Nutzens für den Arbeitsmarkt gesprochen. Auch die politischen Debatten um Migration nach 2015 wurden von dem Streit über die gewinnbringende Verwendung von Migrant*innen für die deutsche Wirtschaft beherrscht. Menschliches Leben gegen ihre »Verwertbarkeit« aufzuwiegen, lässt sich mit keinerlei menschlichen Moralvorstellungen vereinbaren. Wenn man es aber dennoch tut, muss man den Gedanken immerhin auch konsequent zu Ende denken. Denn wenn Migrant*innen nur in Deutschland sein sollen, weil sie nützlich für den Arbeitsmarkt sind, dann müssen nicht sie dankbar sein, sondern ihnen müsste Dankbarkeit entgegengebracht werden. Denn sie halten das System am Laufen und arbeiten oft genug für geringe Löhne und unter schlechten Bedingungen. Ohne sie, so Ataman, wäre der Sozialstaat wahrscheinlich schon am Ende. »Doch bis heute gibt es keine offizielle Anerkennung für die Leistungen der Eingewanderten. In Schulbüchern und im Geschichtsunterricht findet dieses Narrativ nicht statt. Die Rolle unserer Eltern in Deutschland wird nicht erzählt oder wenn, dann nur als Erklärung, warum wir heute so viel über Integrationsprobleme reden.«[18] Noch immer üben Migrant*innen die schlecht bezahlten Jobs im Gesundheits- und Pflegebereich aus, in der Landwirtschaft, auf dem Bau, in der Fleischverarbeitung, im Onlinehandel oder in der Paketzustellung. Noch immer machen sie die Drecksarbeit, und noch immer wird von ihnen Dankbarkeit erwartet.

Was also lässt sich daraus schließen, dass die neuen Migrant*innen immer noch die gleichen Erfahrungen machen wie die Migrant*innen der 1950er und 1960er Jahre und ihre Nachkommen? Ganz einfach: Der Arbeitsmarkt ist damals wie heute rassistisch und klassistisch strukturiert und basiert auf der systematischen Ausbeutung migrantischer Arbeiter*innen.

Genauso strukturiert immer noch rassistisches, völkisches Denken unser Zusammenleben als Gesellschaft. Der Kernpunkt völkischen Denkens ist, dass man nur deutsch sein kann, wenn man von Deutschen abstammt.[19] Oder, provokant formuliert, dass nur »Menschen mit Nazihintergrund« sich als deutsch bezeichnen dürfen und damit legitim hier sind. Mit diesem Begriff haben die Künstler*innen und Autor*innen Moshtari Hilal und Sinthujan Varatharajah 2021 eine heftige Debatte ausgelöst, indem sie in einem Instagram-Livetalk den Begriff als Gegenstück zum »Migrationshintergrund« prägten. »Normalerweise sind es ja wir, die markierten rassifizierten Personen, die immer wissen müssen, woher sie eigentlich kommen. Eigentlich haben wir die Frage nur zurückgeworfen«[20], so Moshtari Hilal.

Ich persönlich hätte mit diesem Nicht-Deutsch-Sein kein Problem, wenn sich daraus nicht weitreichende Konsequenzen ableiten würden. Einige dieser Folgen konnten wir nach dem »Sommer der Migration« beobachten. Eine kleine Gruppe, die sich selbst als »besorgte Bürger« bezeichnete, machte von ihrem Privileg Gebrauch, ihre Ängste und Sorgen lautstark in den öffentlichen Raum zu tragen. Die »Sorgen« dieser *weißen* deutschen Gruppe wurden – im Gegensatz zu denen von migrantischen Menschen – sofort von Politiker*innen ernstgenommen und damit legitimiert. Auch, als wir vor dem Rechtsruck der Gesellschaft warnten, wurde nicht öffentlich darauf eingegangen. Für diejenigen unter uns, die besagte Wut in sich tragen, ist diese Erkenntnis nicht neu. Wir haben allerspätestens in der Schule verstanden, wie tief der Rassismus in diesem Land verankert ist. Im Geschichtsunterricht haben wir gelernt, dass völkisches, antisemitisches und rassistisches Denken mordet, wenn man nicht vehement dagegen ankämpft. Doch ist das nicht nur Geschichte. Die zahlreichen Mordanschläge der letzten Jahre in Deutschland beweisen, dass es damit nie vorbei war. Um der erfahrungsgemäß schnell eintretenden kollektiven Amnesie entgegenzuwirken, folgt nun eine selektive Aufzählung rechtsextremer Terrorakte der letzten 7 Jahre.[21] Vorsicht, Trigger-Warnung:

19.02.2020: In Hanau (Hessen) tötet ein Mann bei einem rassistisch motivierten Anschlag neun Menschen in einer Shisha-Bar, einer weiteren Bar und einem Kiosk.

09.10.2019: In Halle (Sachsen-Anhalt) versucht ein Mann, mit Waffengewalt eine Synagoge zu stürmen. Er scheitert an der Tür der Synagoge, aber erschießt im Umfeld zwei Menschen und verletzt zwei weitere.

02.06.2019: In Wolfhagen-Istha (Hessen) erschießt ein Rechtsextremist den CDU-Politiker Walter Lübcke auf dessen Veranda. Lübcke hatte sich für Geflüchtete stark gemacht und deswegen schon zuvor Morddrohungen erhalten.

22.07.2016: In München (Bayern) tötet ein 18-jähriger Schüler neun Menschen in einem Einkaufszentrum. Trotz vieler Hinweise dauert es mehr als drei Jahre, bis die Tat als rechtsextremistisches Attentat eingestuft wird.[22]

Diese Anschläge, aber auch die der weißen Terrorgruppe NSU, haben sich bei vielen von uns ins Gedächtnis eingegraben. Bei all diesen Anschlägen wurden Menschen ermordet, deshalb haben sie es in die Nachrichten geschafft. Wovon aber kaum berichtet wird, sind die vielen rassistischen Angriffe ohne Todesfolge, die tagtäglich in der ganzen Bundesrepublik stattfinden.

Jeden Tag versuchen Menschen mit rechtsextremer Gesinnung, Geflüchtete zu töten. Die Tatsache, dass sie in Lagern und Heimen leben müssen, macht es den Täter*innen besonders leicht, ihre Anschläge zu planen und gezielt durchzuführen. Wenn der Staat schon entscheidet, dass Menschen, die einen Asylantrag stellen, in Lagern leben müssen, dann sollte es das Mindeste sein, diese Lager auch vor Angriffen von Rechtsextremen zu schützen. Das passiert aber nicht und war in den letzten Jahren mit ein Grund für Gewaltexzesse gegen Geflüchtete. Die meisten von uns wissen aber nichts von diesen Angriffen. Sie kennen nur die bereits aufgeführten Anschläge, weil sie es in die Tagesschau geschafft haben. Das muss sich ändern! Deshalb folgt nun eine weitere Aufzählung, die die Normalisierung der alltäglichen Gewalt gegen Geflüchtete in Deutschland veranschaulicht. Again, Trigger-Warnung:

31.12.2021: In St. Wendel (Saarland) wird ein Mann aus Syrien aus mutmaßlich rassistischen Motiven angegriffen und verletzt. Wie die Polizei mitteilt, hat ein junger Mann den Geschädigten zuerst als »Kanacke« beleidigt und anschließend mit dem Unterarm auf die Nase geschlagen.

16. 10. 2021: In Simbach am Inn (Bayern) werden bei einer Asylunterkunft ein Papiercontainer und Fußmatten in Brand gesetzt. Nach vorläufiger Auswertung des sichergestellten Chatverkehrs des Beschuldigten besteht der Verdacht, dass der Tatverdächtige den Brand legte, um Bewohner*innen der Unterkunft aus fremdenfeindlicher Motivation zu töten.

17. 09. 2021: In Eberswalde (Brandenburg) beschimpfen zwei Männer und eine Frau auf offener Straße einen 36-jährigen Mann aus Syrien und seine fünfjährige Tochter zunächst rassistisch, dann greifen sie sie körperlich an. Dabei wird das Kind laut Polizei an der Nase verletzt. Die Täter flüchten unerkannt.

19. 08. 2021: In Grefrath (Nordrhein-Westfalen) wirft ein Unbekannter in der Nacht einen »rauchenden Gegenstand« durch ein Fenster einer Asylbewerber*innenunterkunft im Ortsteil Oedt. Rassistische Tatmotive werden geprüft.

17. 07. 2021: In Bad Schlema (Sachsen) wird ein 20-jähriger Somalier in einem Bus von einer Gruppe von acht deutschen Männern im Alter von 37 bis 49 Jahren rassistisch beleidigt. Zwei der Männer sollen auf den Geschädigten eingetreten und ihn verletzt haben.

Zum Zeitpunkt des Angriffs befand sich auch ein Polizist außer Dienst im Bus. Videoaufnahmen sollen zeigen, dass er nicht eingeschritten ist.

01.05.2021: In Leeder (Bayern) werfen in der Nacht Unbekannte mit einem faustgroßen Stein und einer Bierflasche die Scheibe der Eingangstür eines Mehrfamilienhauses ein. In dem Haus leben zwei aus Syrien geflüchtete Familien. Ein Zeuge gibt an, rechtsradikale Parolen gehört zu haben.

23.04.2021: In Erfurt (Thüringen) greift ein 39-jähriger Deutscher einen 17-jährigen Syrer in einer Straßenbahn an und beleidigt ihn rassistisch.

19.03.2021: In Weinböhla (Sachsen) wird in der Straßenbahn ein Mann aus Libyen von einer Gruppe Jugendlicher geschubst, geschlagen und rassistisch beleidigt. Der 36-Jährige wird dabei laut Polizeiangaben verletzt. Die Angreifer flüchteten unerkannt, der Staatsschutz ermittelt.[23]

Dies war nur ein kleiner Auszug der Angriffe, die 2021 verübt wurden. Allein gegen Geflüchtete und deren Unterkünfte zählte die Stiftung Mut gegen rechte Gewalt in Kooperation mit der Amadeu Antonio Stiftung und Pro Asyl in den Jahren von 2015 bis 2021 über 12.000 Angriffe.[24] Vor meiner Recherche ahnte ich, dass die Zahl sehr hoch sein würde, aber dass es über 12.000 Angriffe in nur sechs Jahren gab, hat mich einfach nur geschockt. Und wir sprechen hier »nur« von den offiziell erfassten Zahlen.

Diese Gewaltexzesse sind weder ausschließlich ein ostdeutsches Phänomen, noch sind sie nur den »Rechten« zuzuschreiben. Vielmehr kommen die Anschläge auf migrantische Menschen auch aus der Mitte der Gesellschaft. Sie sind nur deshalb möglich, weil Politik und Medien über die letzten Jahre hinweg die gesellschaftlich akzeptierte rassistische und menschenverachtende Atmosphäre mitgetragen und sogar befeuert haben. Die Anliegen der »besorgten Bürger« wurden von allen Seiten legitimiert – es scheinen damit auch die Sorgen und Anliegen der »Mitte« der Gesellschaft gewesen zu sein.

Im Januar 2015, nach dem Terroranschlag auf die Redaktion der Satirezeitschrift Charlie Hebdo in Paris, bei dem elf Menschen getötet wurden, drückten viele Deutsche aus der Mitte der Gesellschaft unter dem Slogan »Je suis Charlie« ihre Betroffenheit und ihre Solidarität mit den Opfern und der französischen Bevölkerung aus. Auch wenn hier nicht Opfer gegen Opfer aufgewogen werden soll, ist es doch erstaunlich, dass die gleichen Deutschen ein paar Jahre später nach dem Anschlag in Hanau solche Ausdrücke von Betroffenheit vermissen lassen. Warum schrieb kaum jemand »Wir sind Hanau«, als in Deutschland neun junge Menschen von einem rechtsextremen Terroristen erschossen wurden? Wo liegt der Unterschied? Ganz einfach: Die Menschen in Paris hätten auch sie sein können, aber die in Hanau nicht. Dahinter stecken komplexe psychologische Abläufe, die in Verbindung mit tiefliegenden rassistischen Strukturen zu unterschiedlichen Handlungsweisen derselben Menschen führen. Während sie sich in den getöteten Französ*innen wiederfinden konnten, weil sie vermeintliche kulturelle Standards teilen und, nicht zuletzt, ebenso weiß sind wie sie, gelingt das für die Opfer von Hanau nicht. Weil sie migrantisch sind. Weil sie ihnen immer noch »fremd« sind. Dass sie Menschen genau wie sie sind, kommt auf der Gefühlsebene nicht an, weil sie in ihnen keine Deutschen sehen. Es findet keine Identifikation mit ihnen statt – das verhindert die jahrzehntelange einseitige Medienberichterstattung ebenso wie der immer wieder reproduzierte Rassismus gegenüber »Fremden«.

Wir halten also fest, dass die Migrant*innen der 1950er und 1960er Jahre gerufen wurden, damit sie die Arbeit erledigen, die weiße Deutsche nicht machen wollten. Sie übernahmen stattdessen die besser bezahlten Jobs und sicherten damit den Wohlstand für sich, ihre Kinder und ihre Enkel. Gleichzeitig griff und greift die weiße Dominanzgesellschaft immer noch auf völkisches Denken zurück. Deshalb spricht sie wie selbstverständlich von Leitkultur, Integration und »Mia san mia«.[25] In ihrer Vorstellung ist ein Zusammenleben nur dann möglich, wenn weiße Deutsche die Ordnung diktieren. Diese Ordnung findet sich noch heute in der Verteilung von Arbeit und damit auch von Wohlstand wieder. 70 Jahre später sind es immer noch Migrant*innen und deren Nachkommen, die für wenig Geld und unter schlechten Bedingungen arbeiten. Sie sichern damit den Sozialstaat, und dennoch erwartet man von ihnen Dankbarkeit.

Politik und Medien haben in den Jahren seit 2015 den Rechtsruck befeuert, indem sie die rassistischen Anliegen einer kleinen weißen Minderheit aufgegriffen und ins Zentrum des Diskurses gerückt haben. Die Gewaltexzesse gegen Geflüchtete hingegen wurden kaum erwähnt. Damit war der Nährboden für den rechtsextremen Terror von zumeist weißen Cis-Männern gelegt, der sich selbst gegen weiße CDU-Politiker richten kann, wie die Ermordung von Walter Lübcke im Jahr 2019 zeigt.

Jeden Tag verüben diese Terroristen Anschläge im ganzen Land. Und wenn bei den Angriffen tatsächlich Menschen ermordet werden, spricht man anstatt von rechtem Terror von Einzelfällen.

Bei dem jüngsten Anschlag in Hanau wurden neun migrantisierte Menschen aus rassistischen Motiven ermordet. So viele Menschen im ganzen Land waren geschockt. Sie hatten Angst und trauerten um die Getöteten, doch der Großteil der weißen Bevölkerung nahm kaum Anteil, er feierte Karneval.

Während ich diesen Text schreibe, merke ich, wie mich ein Gefühl der Trauer überkommt. Ich fühle mich hilflos, weil ich Kinder in diese Welt gesetzt habe und weiß, dass ich sie vor diesem ganzen rassistischen Irrsinn nicht beschützen kann. Wo ist der Raum für unseren tiefsitzenden Schmerz, unsere Enttäuschung, unsere Wut? Wir sollen einfach immer weiter funktionieren, arbeiten, bis wir umfallen, damit andere davon profitieren. So wie unsere Eltern, unsere Großeltern und all die Generationen davor. Deswegen ist die Wut dieser Generation so laut.

Menschen, die sich für eine gerechtere Welt einsetzen, hatten nach Beginn des Angriffskriegs auf die Ukraine viele Gründe, wütend zu sein. Der offensichtlichste ist, dass jeder Krieg einer zu viel ist. Allerdings würde die deutsche Rüstungsindustrie dagegen stillschweigend Einspruch erheben, hat sie doch wahrscheinlich ein großes Interesse an der Aufrechterhaltung bewaffneter Konflikte. Besonders gut fühlt sich das nicht an, Krieg zu verurteilen und gleichzeitig in einem Land zu leben, das wie kaum ein anderes von Rüstungsexporten in alle Welt profitiert. Denn, kurze Erinnerung: »Die ehemalige Bundesregierung hat im Jahr 2021 Rüstungsexporte für gut neun Milliarden Euro genehmigt – so viel wie noch nie.«[26]

Ich bin in einem Haushalt groß geworden, in dem Krieg allgegenwärtig war und ist: Meine Eltern haben Krieg erlebt. Nicht nur für meine, für viele migrantischen Familien ist Krieg ein unmittelbarer Teil ihres Lebens. Sie wissen, wie es sich anfühlt, fliehen zu müssen, ohne die Gewissheit zu haben, wann und ob eine Rückkehr je möglich sein wird. Sie kennen das Gefühl, wenn sich Scham und Schuldgefühle kreuzen, weil Angehörige zurückgelassen werden müssen. Diese unsere migrantische Gesellschaft hat also ein tiefsitzendes Bewusstsein über Krieg und seine Folgen, wie die Journalistin und Autorin Hadija Haruna-Oelker sehr treffend in ihrer Rede »Ukraine – gegen die Trennung in ›gute‹ und ›schlechte‹ Flüchtlinge« beschrieb. Nur scheint ein Teil unserer Gesellschaft immer noch ein »Wir« zu imaginieren, in dem unsere Erfahrungen nicht inkludiert sind. Wie sonst ist es zu erklären, dass nach Ausbruch des Kriegs in der Ukraine die mediale Berichterstattung ständig betonte, dass der Krieg nun ganz in unserer Nähe sei? Wenn Krieg erst jetzt so nah ist, wo bitte war er davor? Ganz weit weg? Aber nicht nur die Kriege in Kolumbien, Mali, Kongo, Äthiopien, der Türkei, Syrien, im Jemen, in Afghanistan usw. sind »ganz weit weg«. Auch die Menschen, die diese Kriege erlebt haben, sind offensichtlich »ganz weit weg« – egal, ob sie hier leben oder aktuell davor fliehen.

Und schon sind wir wieder bei der Frage angekommen, wer in Deutschland dazugehört. Alle Menschen, die heute hier leben? Eher nicht. Zumindest nicht, wenn wir uns in den letzten Jahren die öffentlichen Debatten über Migration anschauen. Oder wenn wir auf die massive Verschärfung der Asylgesetzgebung seit 2015 blicken. Menschen mit eigener oder familiärer Fluchterfahrung wurden und werden durch die Bilder der toten Menschen im Mittelmeer, die rigorose Abschottungspolitik der EU und die Zustände in den Unterkünften (re)traumatisiert. Nicht nur weil unter ihnen Angehörige und Freund*innen sind. Sondern auch, weil uns bewusst wird, dass Menschen wie mir heute das gleiche Schicksal drohen würde, wenn der Zufall vor vielen Jahren nicht anders entschieden hätte. So hat das europäische Grenzregime nicht nur Strahlwirkung hinter die Grenzen der EU, sondern auch innerhalb des Landes.

Nun scheint sich aber etwas geändert zu haben: Im Gegensatz zum Umgang mit den Geflüchteten von 2015 wurden die Geflüchteten aus der Ukraine nicht an den Grenzen zurückgeschoben oder Autokraten dafür bezahlt, sie nicht über die Grenzen zu lassen. Frontex ist nicht zum Einsatz gekommen, und auch das Asylrecht wurde 2022 nicht weiter verschärft. Im

Gegenteil, die EU hat die Richtlinie 2001/55/EG wenige Tage nach dem russischen Angriff auf die Ukraine aktiviert. Diese Richtlinie erlaubte es den Ukrainer*innen, ohne Bürokratie in die EU einzureisen und dort zu bleiben. Und nicht nur das, die schutzsuchenden ukrainischen Staatsbürger*innen erlangten durch die Aktivierung der Richtlinie auch unkompliziert Aufenthaltstitel, Arbeitserlaubnis und soziale Absicherung. Kurz gesagt: Sie konnten ohne Bürokratie einreisen, bleiben, arbeiten, ihre Kinder in die Schule schicken und sich in der ganzen EU frei bewegen. Und das ist genau richtig so!

Aber es bleiben Fragen: Warum wurde Richtlinie 2001/55/EG nicht schon 2015 aktiviert? Und wieso gelten die neuen Regelungen nicht ab sofort für *alle* Geflüchteten? Dieser Fakt eröffnete eine Zweiklassengesellschaft unter Geflüchteten. Nun gibt es »gute Flüchtlinge«, denen sehr schnell sehr vieles ermöglicht wird, und »schlechte Flüchtlinge«, die weiterhin um jedes dieser Rechte kämpfen müssen.

Der Journalist Mohamed Amjahid schreibt in einem viel zitierten *taz*-Artikel Folgendes: »2015 stellten die Geflüchteten aus Afghanistan, Syrien oder dem Jemen für viele politische Entscheider*innen den Untergang des Abendlands dar, 2022 sind die Geflüchteten aus der Ukraine der Kitt, der das Abendland überhaupt zusammenhält.«[27] Soll heißen: Asylpolitik hat immer eine übergeordnete Zielsetzung, und die unkomplizierte Aufnahme der Ukrainer*innen ist, wie auch in der ZEIT zu lesen war, »Deutschlands entscheidender Beitrag gegen Putins Krieg«[28]. Anders als man zunächst vermuten würde, ging es also nicht in erster Linie um Empathie mit den Schutzsuchenden, sondern um eine bewusste politische Entscheidung. Um aber die Zivilbevölkerung für diese parlamentarische Entscheidung zu gewinnen, wurde das Argument »Empathie« in den Vordergrund gerückt. Man wollte vermeiden, dass die »besorgten Bürger« und ihre Sympathisant*innen gleich wieder stramm stehen und gleichzeitig unter der breiten Bevölkerung möglichst große Zustimmung für die Rolle Deutschlands im Ukrainekrieg gewinnen. Um die offensichtliche Ungleichbehandlung von in diesem Falle ukrainischen und nicht-europäischen Geflüchteten zu legitimieren, wurde in der medialen Berichterstattung ein Narrativ geschaffen, in dem der Krieg in der Ukraine, in Abgrenzung zu anderen aktuellen Kriegen in der Welt, in seiner Bedeutung hervorgehoben wurde. Bewaffnete Konflikte im Nahen Osten, Afrika, Südasien und Lateinamerika und ihre zivilen Opfer wurden dagegen als sowieso erwartbar und nicht besonders erwähnenswert normalisiert. Dadurch wird suggeriert, der Krieg in der Ukraine sei eine menschliche Tragödie, die uns alle angeht, während Opfern von Krieg im globalen Süden diese Empathie und die Anerkennung ihres Schmerzes verwehrt bleiben.

Und das ist nicht nur unmenschlich, sondern zeugt auch von tiefstem Rassismus. Anders als die »Fremden«, die 2015 in Deutschland ankamen, waren die Menschen aus der Ukraine in diesem Narrativ nie Fremde. Vielmehr wird das Bild einer europäischen Familie beschworen, die durch kulturelle Gegebenheiten vereint sei. Hieran sieht man, wie unterschiedliche privilegierte Gruppen in unserer Gesellschaft zusammenwirken. Die Politik, ein weißes Publikum und die Medienmacher*innen stehen in enger Beziehung zueinander. Nur dadurch kann Macht und Dominanz durch die rassistische Praxis des Otherings erzeugt werden – oder eben gerade nicht, wie in diesem jüngsten Fall. In anderen Kontexten wurden und werden sogenannte »Slawen« zwar ebenfalls als anders und minderwertig konstruiert und ihnen teilweise ein ähnlicher Standpunkt in der Gesellschaft zugewiesen wie BIPoC. Doch diesmal gelten sie als strategische und politische Freund*innen der Bundesrepublik – zumindest für den Augenblick. Es wurde ein »Wir« konstruiert, das von christlich geprägten, kulturell kompatiblen, weiß imaginierten Menschen ausgeht.

Was aber passiert, wenn diese von Vornherein unrealistische Vorstellung auf die real existierende Diversität der Flüchtenden trifft, wurde schnell allzu deutlich. Denn selbstverständlich gibt es auch muslimische Krimtatar*innen, ukrainische Rom*nja und andere BIPoC in der Ukraine.[29] Als diese schutzsuchenden Menschen, die weder blond noch blauäugig oder in Besitz eines ukrainischen Passes waren, versuchten, die Ukraine zu verlassen, wurde schnell sehr deutlich, wie mit Menschen außerhalb des »Wirs« umgegangen wird. Nigerianische, marokkanische oder indische Studierende wurden von Grenzbehörden aktiv an der Flucht gehindert. Die Öffentlichkeit hat über dieses abscheuliche und zutiefst rassistische Vorgehen erst berichtet, als die Hilferufe einiger nigerianischer Medizinstudent*innen auf Social Media viral gingen. Die wegen der großen Ungerechtigkeit im Umgang mit Geflüchteten sowieso schon wütende BIPoC-Community auf Twitter und Instagram teilte Belege für solch rassistischen Umgang so lange, bis schließlich deutsche und internationale Medien nicht mehr umhinkamen, über den strukturellen Rassismus im Umgang mit den Schutzsuchenden zu berichten.

Bei den »guten Flüchtlingen« von 2022 wurde kollektiv eine flüchtende weiße Mittelschicht imaginiert, die eine Willkommenskultur für die ukrainischen Staatsbürger*innen erzeugte, die ich so nie für möglich gehalten hätte. Ironischerweise war es ein Moderator von Al Jazeera English, der den eurozentrischen, rassistischen und klassistischen Blick auf die Welt und die damit einhergehende Ignoranz und Dominanz Europas sehr deutlich machte. Peter Dobbie stellt dort folgenden Vergleich auf und spricht damit ganz vielen weißen Mittelschichtsmenschen aus der Seele: »Es berührt, wenn man sie betrachtet, dass sie, ihrer Kleidung nach zu urteilen, wohlhabend sind. Ich möchte sagen, Mittelschicht-Leute. Das sind keine offensichtlichen Flüchtlinge, die nur noch weg wollen aus den Gegenden im Nahen Osten, in denen der Krieg tobt. Das sind keine Leute, die versuchen, aus nordafrikanischen Regionen abzuhauen. Sie sehen wie durchschnittliche europäische Familien aus, die nebenan wohnen könnten.«[30] Genau das haben sich wahrscheinlich auch die Menschen in meiner Nachbarschaft gedacht, die 2015 nicht mal auf die Idee gekommen wären, auch nur eine Person bei sich zu Hause aufzunehmen, 2022 aber auf einmal ganze Familien beherbergten. Ich muss zugeben, dass mich diese Tatsache zu Beginn sehr wütend gemacht hat.

Wenn man die andere Seite kennt, ist das wirklich sehr schwer zu ertragen. Denn wie viele Menschen aus der eritreischen Community haben mich, über den Verein United4Eritrea, in den letzten Jahren angerufen und mich darum gebeten, für ihre ankommenden Angehörigen, davon viele Minderjährige, ein Zugticket zu kaufen und sie sicher in den Zug zu setzen, damit sie in der Nähe ihrer Familien einen Asylantrag stellen könnten? Direkt bei ihnen zu wohnen – davon durften sie während der Zeit des Asylverfahrens nicht einmal träumen. So viele von ihnen wurden entweder am Bahnhof oder schon im Zug festgenommen, vernommen und in die nächstgelegene Aufnahmestelle gebracht. Ganz weit weg von ihren Angehörigen. Besonders an einen Jugendlichen erinnere ich mich noch ganz genau. Er war zu dem Zeitpunkt, in dem ich mit ihm in Kontakt trat, keine sechzehn Jahre alt, hatte sich tagelang versteckt gehalten, um in einem sicheren Moment mit dem Zug zu seinen Verwandten fahren zu können. Er wurde kurz vor dem Ziel vor meinen Augen mit seinem Ticket in der Hand von der Grenzpolizei festgenommen. Er war noch ein Kind, das nach Wochen und Monaten der Flucht zu seinem Onkel wollte, um mit ihm zusammen seinen Asylantrag zu stellen, und musste sich abführen lassen wie ein Krimineller.

Wie viel Leid, wie viel Bürokratie, wie viel Gewalt und wie viele Gerichtsprozesse hätte man sich sparen können, wenn die Menschen 2015 einfach in den Zug hätten steigen dürfen, um bei Bekannten unterzukommen? Wie kann einem diese heuchlerische Gleichzeitigkeit nicht auffallen? Wie kann einen die Ungleichbehandlung nicht wütend machen? Das Schlimmste ist, dass sie immer noch andauert. Es ist ja nicht so, dass mit Aktivierung der Richtlinie 2001/55/EG jetzt wenigstens alle Schutzsuchenden die gleichen Rechte erfahren. Nein, die EU setzt in Bezug auf die Außengrenzen immer noch auf Abschreckung, lässt Menschen sterben. Und die Gleichgültigkeit, mit der humanitären Krisen wie in den Lagern in Moria auf Lesbos begegnet wird, ist an Unmenschlichkeit nicht zu überbieten. Und auch in Deutschland wird die Ungleichbehandlung aufrechterhalten. Geflüchtete aus anderen Ländern als der Ukraine müssen sich wirklich verhöhnt vorkommen.

Das Grenzregime und die Asylpolitik lassen am Ende nur einen Schluss zu: Die Menschen, die während des »langen Sommers der Migration« – und auch jetzt noch – aus nichteuropäischen Ländern nach Deutschland kamen, waren »anders«, deshalb hat man sie in Lager gesteckt, abgeschoben oder an den EU-Außengrenzen sterben lassen. Die Menschen, die aus der Ukraine kommen, sind hingegen »gleich« genug, um sie mit offenen Armen empfangen zu können – zumindest noch. Darüber kann man nur wütend sein, finde ich.

WUT UND EMPATHIE SIND KEINE KONKURRENTINNEN – SIE SIND GESCHWISTER

Ich bewege mich seit meinen frühen Zwanzigern bewusst in politischen Räumen und beschäftige mich mit Mechanismen der Unterdrückung und der Macht. Dabei verstehe ich mehr und mehr, dass unsere Vorstellung von Sein gefangen ist in einer Hierarchisierung von Menschen. Immer tiefer durchdringe ich, dass uns Hierarchisierung je nach Kontext mal als notwendig und mal als natürlich, aber in jedem Fall immer als alternativlos verkauft wird. Welchen Rang wir in dieser Hierarchie einnehmen, wird uns schon früh eingebläut.

Bereits als Kind konnte ich beobachten, wie meine Eltern basierend auf den ihnen zugewiesenen Rängen schlechter behandelt wurden als andere Menschen. So wie alle rassifizierten

Migrant*innen entwickelten auch meine Eltern Strategien, um trotz struktureller Diskriminierung in dieser Gesellschaft zurechtzukommen. Und dasselbe habe auch ich getan. Schon sehr früh verinnerlichte ich, welches Verhalten im Kindergarten, in der Schule, beim Einkaufen oder bei Behördengängen von mir verlangt wurde. Wenn man immer nach den Regeln der anderen spielen muss, lernt man extrem gut, sein Gegenüber zu lesen und zu verstehen. Oberflächlich betrachtet fuhr ich mit dieser Strategie auch ganz gut, denn ich lernte dadurch, mich als Schwarzer Mensch durch eine weiß-dominierte Gesellschaft zu navigieren. Allerdings zahlen Menschen wie ich auch einen sehr hohen Preis dafür. Denn diese Vorstellung von Integration bedeutet auch, die Bedürfnisse und Grenzen der Dominanzgesellschaft vor die eigenen zu stellen.

Als Schwarzer Mensch wird man indoktriniert, Empathie für weiße Menschen zu haben, aber nicht für sich selbst. Denn Empathie für andere setzt voraus, dass man aus seinen eigenen Emotionen heraustritt, um die Dinge aus der Perspektive dieses anderen zu betrachten.[31] Emilia Roig beschreibt dies eindrucksvoll in ihrem Bestseller »Why we matter«:

> »Nicht-weiße Menschen lernen, sich in weiße Menschen hineinzuversetzen, genauso wie Trans-Menschen in Cis-Menschen, queere in heterosexuelle Menschen, und behinderte Menschen in nicht-behinderte Menschen. Das Einfühlungsvermögen von marginalisierten und minorisierten Gruppen wird durch die positive Überrepräsentation der unsichtbaren Norm – weiß, männlich, hetero, cis- und nicht behindert – sehr früh gefördert. Umgekehrt ist es nicht der Fall. Uns fehlt das Einfüh-

lungsvermögen für diejenigen, die als minderwertig konstruiert wurden.«[32]

Menschen, die strukturelle Diskriminierung erfahren, verdrängen ständig legitime Gefühle wie Wut, Trauer und Aggression. Stattdessen versuchen sie, sich in ihr Gegenüber hineinzuversetzen, wodurch sie in einem Hamsterrad der Empathie gefangen sind. Immer, wenn man Rassismus erfährt, sucht man nach einer Entschuldigung für das Gegenüber: *Sie hatte bestimmt nur einen schlechten Tag. Er hat es sicher nicht so gemeint. Das hat bestimmt nichts mit meiner Hautfarbe zu tun.* Und das Hamsterrad dreht und dreht sich weiter. Das Hauptproblem dabei ist, dass man durch die ständige Beschäftigung mit dem Außen nicht auf die Idee kommt, auch sich selbst gegenüber empathisch zu sein.

Deshalb beschreiben Schwarze Menschen und andere marginalisierte Gruppen ihre Erfahrungen in sogenannten »Safer Spaces« oftmals als Gefühl der Befreiung. In diesen Safer Spaces können wir uns im Gegenüber spiegeln, und die Gefühle im Raum erlauben den eigenen vergrabenen Emotionen, an die Oberfläche zu kommen. Nicht selten sind es Gefühle, von denen wir nicht einmal wussten, dass wir sie haben. So tief haben wir sie in uns verborgen, um unsere Empathie für alle anderen außer uns aufrechtzuerhalten. Dieses einseitige Einfühlungsvermögen kann nicht nur für uns selbst, sondern auch gesellschaftlich betrachtet fatale Folgen haben.

Spätestens nach 2015, als überall nur noch von den »besorgten Bürgern« die Rede war, erkannten wir, dass die Missachtung der eigenen Gefühle ein Ende haben musste. Für mich war ab diesem Zeitpunkt Schluss mit meiner indoktrinierten Empathie. Wut löste sie ab. Sie klopfte aber nicht freundlich an die Tür, wie sie es zuvor schon zahlreiche Male vergeblich versucht hatte. Diesmal kam sie, trat die Tür ein, schmiss die Empathie aus dem Fenster, stellte sich demonstrativ an ihre Stelle und rief ihr noch laut hinterher: »Du kommst hier nicht mehr rein, das ist jetzt mein Platz!«

Auch wenn wir unterschiedliche Auslöser für den Umschwung von Empathie in Wut haben, teile ich diese Wut heute mit vielen anderen, die ihr Leben lang Unterdrückung, Ausbeutung und Diskriminierung erfahren und trotzdem versucht haben, sich an die Regeln zu halten. Nach der ersten wütenden Erkenntnis tut es richtig gut, endlich nicht mehr ständig darüber nachzudenken, was andere denken oder fühlen. Es ist befreiend, der eigenen Wut Raum zu geben, Ungerechtigkeit zu benennen und eine Sprache dafür zu finden. Eine unglaublich mächtige Sprache in einer Welt, in der deine Sprache deinen Status markiert. In der deine Sprache darüber entscheidet, ob man dir zuhört, dir auf Augenhöhe begegnet, dich respektiert, dich wie einen Menschen behandelt. Sprache und Wut sind auf einmal ein Super-Duo und viel mächtiger, als die einseitige Empathie es je sein konnte. Überall da, wo ich Rassismus erlebte oder beobachtete, setzte ich meine neue Macht ein – und wenn es nur in Gedanken war. Ich versuchte, dadurch meine unendliche Wut zu kanalisieren.

Doch das war nur kurz hilfreich. Die Selbstverständlichkeit, mit der wir Menschen in Lagern einzäunen, sie durch die Residenzpflicht oder in Abschiebegefängnissen ihrer Freiheitsrechte berauben, ihnen ihre Grundbedürfnisse verweigern, ihnen fremde Namen geben und sie in Schubladen stecken (geduldet, anerkannt, etc.), um sie zu Menschen zweiter und dritter Klasse zu degradieren, oder sie einfach im Mittelmeer ertrinken lassen, hat mich nicht nur wütend, sondern irgendwann auch verzweifelt zurückgelassen. Diese Entmenschlichung zu sehen, zu spüren und nichts dagegen ausrichten zu können, hat mich innerlich zerrissen.

Ich drohte, an meiner Wut und meiner Bitterkeit zu zerbrechen. Deshalb musste ich mich eine lange Zeit selbst beobachten und viele Gespräche mit mir führen, bis ich zu der Erkenntnis kam, dass konstruktive und destruktive Wut nur ein schmaler Grat trennt. Und destruktive Wut richtet sich am Ende immer auch gegen einen selbst. Nun aber fragte ich mich, wie ich aus dieser Wut-Spirale rauskommen könnte?

Andere schafften es doch auch, über Jahrzehnte gegen Unterdrückung, Ausbeutung und strukturelle Diskriminierung zu kämpfen und dabei sie selbst zu bleiben. Ich weiß das, denn viele von ihnen haben mich in den letzten Jahren und Jahrzehnten inspiriert. Als ich über sie nachdachte, erkannte ich in ihnen allen viele starke Eigenschaften wieder. Sie alle sind verständnisvoll, liebevoll und mitfühlend. Sie kämpfen gegen jede Begrenzung des Seins und wissen gleichzeitig um ihre eigene Begrenztheit. Sie wissen, dass sie Fehler machen und manchmal auch widersprüchlich handeln. Was sie aber vor allem wissen, ist, in welchen Räumen sie sich offen und verletzbar zeigen können und in welchen nicht. Menschen, die über sehr lange Zeit politische Arbeit gegen strukturelle Diskriminierung, Unterdrückung und Ausbeutung leisten, sind also

»hart in der Sache, aber weich zu den Menschen«. Daraus zog ich folgenden Schluss: Wut lässt uns sprinten, aber Liebe und Vertrauen lassen uns einen Marathon bis zum Ende durchhalten. Das gab mir eine neue Perspektive auf mich und meine Gefühle. Ich habe verstanden, dass es nicht darum geht, die eigene Empathie zu unterdrücken. Denn damit würde man seine Menschlichkeit ablegen und sein inneres Gleichgewicht verlieren. Und wie gesagt, wenn man sein Gleichgewicht verliert, kann Wut destruktiv werden und uns zu Menschen machen, die wir eigentlich nicht sein wollen.

Für komplexe Fragen gibt es nie eine einfache Lösung, aber für mich habe ich eine gefunden: Ich versuche, jedem Gegenüber stets mit Respekt zu begegnen. Und wenn sich meine Empathie meldet, lasse ich sie zu. Was ich aber nicht mehr tue, ist, meine Überzeugungen, meine Interessen und meine Bedürfnisse dafür zu unterdrücken.

Dabei hilft mir weiterhin meine Wut. Meine Empathie und meine Wut sind von nun an keine Konkurrentinnen mehr, sondern Geschwister, die gleichberechtigt nebeneinanderstehen. Mein neues inneres Gleichgewicht drückt sich nach außen so aus, dass ich diskriminierende Sprache und unterdrückendes Verhalten nicht mehr entschuldige. Stattdessen nehme ich mein Gegenüber für voll. Ich spreche meine Wahrheit aus und stehe damit für mich und andere ein. Manchmal laut und manchmal ganz leise. Manchmal verständnisvoll und manchmal aggressiv. Ich lasse mir genug Raum und wähle meine Kämpfe mit Bedacht. So verschwende ich meine Energie und meine Wut nicht unnötig.

Ich achte von nun an auch mehr auf mich. Dafür suche ich

mir bewusst Räume außerhalb von politischen Kämpfen. Ich baue mir eine Gemeinschaft mit Menschen, die mir guttun. Menschen, die mich genauso respektieren wie ich sie. Menschen, die mir mit der gleichen Empathie begegnen wie ich ihnen. Ich weiß, dass Veränderungen nicht über Nacht geschehen, und ich weiß auch, dass sie nicht von alleine kommen. Deshalb vertraue ich auf mich, und ich vertraue auf euch. So bleibe ich hart in der Sache und weich zu den Menschen – inklusive mir selbst.

4. MACHT
WIE AUS MINDERHEITEN MEHRHEITEN WERDEN

ES BEWEGT SICH WAS

> »[I]mmer gab es innerhalb einer Generation auch diejenigen, die den Boden für die nächste Generation (vor-)bereitet hatten, den diese wiederum weitergehen konnte, um dann auch manchmal die Richtung zu ändern.«[1]
>
> **HADIJA HARUNA-OELKER**

»Black Lives Matter – Schwarze Leben zählen!« rufen die Menschen 2020 während der wahrscheinlich größten Protestbewegung der US-amerikanischen Geschichte. Diese antirassistische Bewegung wurde 2013 durch einen Hashtag ins Leben gerufen und erreichte im Sommer 2020 ihren bisherigen Höhepunkt, nachdem ein Video viral ging, das die brutale Ermordung des Afroamerikaners George Floyd durch weiße Polizisten zeigt. Nicht nur in den USA, weltweit nahmen Menschen das zum Anlass, an zahlreichen Protestmärschen und Kundgebungen teilzunehmen. Und auch in Deutschland gingen im Sommer 2020 über 100.000 Menschen auf die Straße, um gegen Rassismus zu protestieren. Noch nie zuvor hatten in Deutschland so viele Schwarze Menschen und BIPoC für ihre Rechte demonstriert. Der Sommer 2020 war ein historisches Ereignis in der Geschichte antirassistischer und Schwarzer Bewegungen.

In den Wochen nach den ersten Protesten wurde Rassismus überall zum vorherrschenden Thema. In den Medien, der Politik und auch in vielen Klassenzimmern sprach man plötzlich darüber – doch die meisten öffentlichen Debatten wurden leider nur sehr oberflächlich geführt. Anstatt strukturellen Rassismus als solchen zu benennen und darüber zu diskutieren, wurden stattdessen Schwarze Menschen immer und immer wieder aufgefordert, von ihren persönlichen Erfahrungen zu berichten. In den sogenannten Leitmedien wurde Rassismus auf die individuelle Ebene reduziert, wieder einmal zu Einzelfällen erklärt. Es gab auch dann noch sehr wenig Bereitschaft, den Fokus auf die immer sichtbarer werdenden Muster von anti-Schwarzem Rassismus sowie dessen Einbettung in die institutionellen und gesellschaftlichen Strukturen anzuerkennen. Für mich und viele andere Menschen, die sich tiefergehend mit Rassismus beschäftigen, gingen die Auseinandersetzungen nicht weit genug – nicht mal annähernd. Und dennoch markieren die Proteste einen Wendepunkt, der sich anhand von zwei gesellschaftlichen Veränderungen beschreiben lässt. Erstens erlebten viele Menschen eine Art Turbo-Politisierung, die bis heute andauert. Und zweitens wurde eine immer größer werdende Schwarze Bewegung sichtbar, die bisher vom Mainstream weitestgehend ignoriert worden war.

Hinter der Unsichtbarmachung Schwarzer und anderer antirassistischer Bewegungen steht eine lange Geschichte, die ihren jüngsten Ursprung in der berühmten und sehr machtvollen Erzählung von der »Stunde Null« findet. Dieses Narrativ wurde nach dem Zweiten Weltkrieg ins Leben gerufen, um sich von der Nazi-Zeit loszusagen und einen kompletten Neuanfang zu beschwören, der so nie stattgefunden hat. Teil dessen ist auch die Behauptung, dass es seit 1945 keinen Rassismus mehr in Deutschland gibt. Denn Rassismus sei mit der formellen Beendigung der nationalsozialistischen Herrschaft sowohl als politisches System als auch als Ideologie einfach so verschwunden. Seitdem gebe es also keinen Rassismus mehr in Deutschland, und wenn, dann ist dieser kein strukturelles Problem, sondern geht von verwirrten Einzelpersonen oder rechtsextremen Gruppierungen aus – die sich selbstverständlich vornehmlich in Ostdeutschland befinden.[2] Und wenn es keinen strukturellen Rassismus gibt, gibt es selbstverständlich auch keine Gruppierungen, die dagegen vorgehen.

Bei dieser Logik handelt es sich also um eine sehr erfolgreiche, fundamentale Selbstlüge, gegen die seit Jahrzehnten unterschiedliche gesellschaftliche Gruppen anarbeiten. Antirassistische und antifaschistische Kämpfe reichen von den »wilden Streiks« der sogenannten Gastarbeiter*innen in den 70ern über die Besetzung der Gerhart-Hauptmann-Schule durch geflüchtete Menschen bis hin zu jüngeren Demonstrationen wie eben Black Lives Matter oder auch »Hanau ist überall« nach dem Anschlag von Hanau. Streiks, Straßendemonstrationen, Sit-ins, Platzbesetzungen und andere kollektive Aktionen im öffentlichen Raum sind zentraler Bestandteil sozialer Bewegungen. Nicht nur, weil über Protestereignisse Öffentlichkeit erzeugt wird, sondern auch, weil sie auffordern, Machtverhältnisse infragezustellen und so Politisierungsprozesse in der Gesellschaft anstoßen.

Migrantische und Schwarze Widerstandsstrukturen zeigen sich aber nicht nur im klassischen Aktivismus. Sie finden sich auch in der Bildungsarbeit, in der Wissenschaft und im Kulturbetrieb. Vielfältige Akteur*innen und Gruppierungen haben über Jahrzehnte rassismuskritische Wissensbestände für unterschiedliche gesellschaftliche Bereiche produziert und sind wichtigen Fragestellungen nachgegangen wie: Was ist struktureller Rassismus? Wo finden wir rassistische Lehrinhalte in Schulbüchern? Gibt es Racial Profiling in Deutschland? Die vielfältigen Studienergebnisse und Recherchen wurden in weiten Teilen ebenso unsichtbar gemacht wie ihre Autor*innen und Betroffenenperspektiven damit abgewertet. Die Haltung, die dahintersteht: Wenn weiße Menschen über Rassismus sprechen und Studien vorlegen, werden sie als objektiv wahrgenommen. Wenn BIPoC dasselbe tun, gelten sie dagegen als subjektiv und zu emotional. Dieses absurde und gewaltvolle Vorurteil war bis vor Kurzem noch eine sehr wirksame Strategie, weil damit nicht nur rassismuskritisches Wissen, sondern auch Rassismuserfahrungen per se aberkannt wurden.

Erst durch Social Media konnte diese Unsichtbarmachung der Betroffenenperspektive im großen Stil durchbrochen und die Deutungshoheit über Rassismus zurückerobert werden. Auf Social Media geht es nicht nur um rassismuskritische Arbeit zur Aufklärung von weißen Menschen, sondern auch und vor allem um Communityarbeit von und für rassifizierte Menschen. Das ist seit Jahrzehnten Teil der Widerstandsstrukturen und findet im Großen wie im Kleinen statt – und nun eben vermehrt auf Social Media. Dort und in der gesamten rassismuskritischen Arbeit werden Denkräume eröffnet, gegenseitige Unterstützungsstrukturen geschaffen und Kinder, Jugendliche und Erwachsene empowert.

Soziale Bewegungen gegen Unterdrückung und Diskriminierung wie Black Lives Matter entstehen also nie über Nacht oder können nie nur auf ein Ereignis zurückgeführt werden. Sie sind immer Ausdruck langjährigen und vielschichtigen Widerstands, der sich gegen gesellschaftliche Machtverhältnisse richtet und Veränderungen einfordert. Wenn soziale Bewegungen die aktuellen Machtverhältnisse verändern möchten, dann ist es naheliegend, dass sie auch selbst eine eigene Macht entwickeln müssen, die es mit der herrschenden Machtelite aufnehmen kann. Eine solche Macht können sie erlangen, indem sie eine möglichst große Anzahl an Menschen für die Belange der Bewegung gewinnen, um damit nach und nach soziale Normen zu verändern.

Sich mit dem Konzept Macht auseinanderzusetzen ist für Menschen, die gesellschaftlichen Wandel anstreben, also extrem wichtig. Und deshalb machte auch ich mich für meine Recherche auf die Suche nach einer möglichst einfachen Erfolgsformel. Ich hoffte auf so etwas wie: *Soziale Bewegung + X = Macht.* Ich stieß zwar auf einige Analysen zum Erfolg von sozialen Bewegungen, aber ein einfaches Rezept dafür habe ich natürlich nicht gefunden. Dann fiel mir auf, dass genau die Black-Lives-Matter-Proteste seit 2020 ein perfektes Beispiel für eine Bewegung sind, die bereits einiges an Macht erlangt hat. Aus meiner Sicht nämlich gibt es definitiv ein Deutschland vor und eines nach Black Lives Matter 2020. Dabei markieren die Proteste aber eben keineswegs erst den Beginn einer sozialen Bewegung, sondern sind Ausdruck einer Entwicklung, die sich bereits über Jahre und Jahrzehnte formiert hat. Diese jahrzehntelange antirassistische Arbeit trägt seit dem Jahr 2020 endlich Früchte und zeigt damit die wohl wichtigste Zutat, die soziale Bewegungen haben müssen, um schließlich wirkliche Macht entfalten zu können: Durchhaltevermögen.

Welche Machtdimension die antirassistische Arbeit in Deutschland inzwischen erreicht hat, möchte ich nun kurz an den maßgeblichen Veränderungen der letzten Jahre skizzieren. Vor den Black-Lives-Matter-Protesten war der Kreis an rassismuskritischen Trainer*innen, Aktivist*innen und Forscher*innen in Deutschland sehr überschaubar. So überschaubar, dass man sich vor allem in den Schwarzen Communities kannte. Der Sammelband »Spiegelblicke – Perspektiven Schwarzer Bewegungen in Deutschland« gibt einen Einblick in die politische Arbeit der Grassroot-Akteur*innen der letzten Jahrzehnte.[3] Das Bundestreffen der Initiative Schwarze Menschen in Deutschland (ISD), Veranstaltungen migrantischer Selbstorganisation (MO) unterschiedlicher afrikanischer Herkunftsländer, der Panafrikanismus-Kongress oder Each One Teach One (EOTO) waren Orte, an denen Schwarze Menschen zusammenkamen und sich austauschten. Diese Orte waren gleichermaßen Räume des Empowerments wie auch Austragungsorte von Konflikten. Denn so wie alle anderen Communities, sind auch die Schwarzen Communities sehr divers. Hier verfolgten gerade die jüngeren Aktivist*innen im Gegensatz zu vielen älteren meist einen intersektionalen Ansatz in Bezug auf Rassismus und forderten, alle Perspektiven in den Communities sichtbar zu machen. Intersektionalität und Mehrfachdiskriminierungen von beispielsweise Schwarzen lesbischen Frauen* waren zwar auch schon in den 80ern bei der Begründung von »ADEFRA – Schwarze Frauen in Deutschland« wichtige politische Positionen gewesen, doch im Verlauf der folgenden Jahre verschwanden sie wieder in den Hintergrund. Bis vor einigen Jahren eine neue Generation von Aktivist*innen mit einem radikaleren Selbstverständnis anfing, lautstark auf diese Leerstellen hinzuweisen. Dieses Selbstverständnis basiert auf ihrem Wissen zu Gender, Klasse, Migrationspädagogik und postkolonialen Theorien, das nun zur Verfügung stand. Sie haben zum Teil von und bei kritischen, intellektuellen Schwarzen FLINTA* wie Noah Sow, Nadja Ofuatey-Alazard, Sharon Dodua Otoo, Saraya Gomis, Peggy Piesche, Maureen Maisha Eggers, Natasha A. Kelly oder Grada Kilomba gelernt.

Die jungen Aktivist*innen und Student*innen waren stark politisiert und drängten auf Veränderungen. Um diese schnellstmöglich herbeizuführen, begannen sie, ihr gerade erlangtes Wissen und ihre persönlichen Erlebnisse auf Blogs, Facebook, Twitter und Instagram zu teilen. Darüber hinaus initiierten sie zahlreiche Online-Kampagnen, wodurch zum ersten Mal Tausende BIPoC ihre Erfahrungen mit Alltagsrassismus in Deutschland teilen konnten. Die unzähligen Tweets und Posts führten aber zu mehr als nur der Bewusstwerdung von Alltagsrassismus, und die Anzahl der erreichten Menschen war weitaus größer als die der Likes und Kommentare unter den Beiträgen. Die vielen Menschen, die die Beiträge still zur Kenntnis nahmen, wirkten genauso als Multiplikator*innen. Sie sprachen mit ihren Freund*innen und Familien über Rassismus und verbreiteten die Inhalte auch außerhalb von Social Media weiter. Während sich ein großer Teil der weißen Dominanzgesellschaft zwischen 2015 und 2019 kollektiv nach rechts bewegte, verbreitete sich unter rassifizierten Menschen und ihren Allies rasant rassimuskritisches Wissen.

Die dadurch entstandene Macht der geteilten Erfahrungen ließ erstmals das Potenzial antirassistischer Arbeit auf Social Media und generell in den Medien erkennen. Die »vierte Gewalt« war ein weiterer Schlüsselbereich rassismuskritischer Arbeit geworden. Der Weg dahin war lang und steinig, doch auch hierbei zeigt sich, dass sich Durchhaltevermögen auszahlt. Bereits 2008 hatten sich die Neuen Deutschen Medienmacher*innen als Zusammenschluss unterschiedlicher Menschen, die erstmals gebündelt Kritik an der homogenen Medienlandschaft übten, gegründet. Denn bis zu dem Zeitpunkt war noch überhaupt nicht infrage gestellt worden, dass die traditionellen Medien fast ausnahmslos aus einer weißen Mittelschichtsperspektive berichteten. Die meisten Journalist*innen besaßen kaum Wissen zu Rassismus, ganz zu schweigen von struktureller Diskriminierung und Unterdrückung. Die Neuen Deutschen Medienmacher*innen generierten Aufmerksamkeit, und diskriminierungskritische BIPoC-Journalist*innen, Medienmacher*innen und Influencer*innen begannen zunehmend die Medienlandschaft aufzumischen. Über Facebook, Youtube, Twitter, Instagram und Podcasts verbreiteten immer mehr Menschen rassismuskritische Inhalte aus Aktivismus und Wissenschaft, so dass kritisches Wissen, das vorher nur wenigen Menschen zur Verfügung gestanden hatte, plötzlich eine Vielzahl an BIPoC erreichte. Es ging nun nicht mehr nur darum, Unterdrückungsrealitäten zu teilen, sondern darum, Wissen zu Macht- und Herrschaftsstrukturen zu erlangen.

Auch wenn ich nun immer noch kein Erfolgsrezept für soziale Bewegungen kenne, wurde doch eines deutlich: Die Black Lives Matter-Proteste von 2020 waren Ausdruck einer sozialen

Bewegung gegen Rassismus, die bereits lange vorher bestand. Schwarze und migrantische Aktivist*innen und kritische Denker*innen haben über Jahrzehnte kontinuierlich ihre Zeit und Ressourcen genutzt, um kritisches Wissen zu Rassismus für nachfolgende Generationen verfügbar zu machen. Vor etwa zehn Jahren begann eine junge Generation, dieses Wissen über Social Media zu verbreiten. Dadurch konnte im Sommer 2020 eine gigantisch große Zahl an BIPoC dazu aufgerufen werden, online und offline aktiv zu werden. Diese, wenn man so will, neue antirassistische Bewegung ist als Zeichen von grundlegender Veränderung zu verstehen. Wir erkennen sie daran, dass es unter jungen Menschen ein enormes Wissen über Rassismus gibt. Ob dieses Wissen in der Zukunft zu fundamentalen Umwälzungen führt, wird sich zeigen. Aber die Verschiebung sozialer und kultureller Normen ist meiner Meinung nach bereits jetzt voll im Gange.

IDENTITÄTSPOLITIK IST UNSER ERBE

Große Veränderungen basieren auch immer auf den Kämpfen und Errungenschaften von Menschen, die vor uns da waren. Denker*innen, Aktivist*innen und Kämpfer*innen haben Wege geebnet, auf denen wir heute ganz selbstverständlich wandeln. Sie haben uns ihr Wissen vererbt und ermöglichen uns dadurch Perspektiven, die sich nicht nur auf das Heute beschränken, sondern Realitäten über Generationen hinweg abbilden.

Diese Menschen sind unsere Großeltern, unsere Urgroßeltern und unsere Ururgroßeltern. Wir tragen ihre Kraft und ihren Mut in uns. Das, was wir heute denken, und die Gesellschaft, in der wir heute leben, fußt auf den Veränderungen, die diese Menschen in ihrer Zeit für sich und für ihre Nachkommen erkämpft haben. Wir sind nicht der Neubeginn des Widerstands, wir sind dessen Erbe. Und Identitätspolitik ist ein Teil dieses Erbes.

Begründet wurde das, was wir heute unter Identitätspolitik verstehen, durch die politische Arbeit des Combahee River Collectives. Dieses feministisch-sozialistische Kollektiv Schwarzer lesbischer Frauen*, zu denen auch Audre Lorde gehörte, trägt seinen Namen im Gedenken an die Schwarze Aktivistin Harriet Tubman, die 1863 am Combahee River in South Carolina eine Befreiungsaktion leitete, bei der 750 versklavte Menschen freikamen. Damit stellt sich das Kollektiv in eine Linie historischer Kontinuität politischer Kämpfe von Schwarzen Frauen* in den USA. 1977, drei Jahre nach seiner Gründung, brachte das Kollektiv ein revolutionäres Manifest heraus, das den Begriff der »Identity Politics« einführte und ihn als ein notweniges Mittel beschrieb, um gegen die Verschränkungen von Race, Class und Sex anzukämpfen.[4]

Dieses Manifest entstand, weil die politischen Forderungen von lesbischen Schwarzen Frauen* der Arbeiter*innenklasse in den großen Emanzipationsbewegungen der 1970er nicht berücksichtigt wurden. Im Mittelpunkt der verschiedenen Bewegungen standen männliche weiße Arbeiter, Schwarze Männer, weiße Mittelschichtsfrauen* oder weiße Lesben – Schwarze lesbische Frauen* der Arbeiter*innenklasse wurden in all diesen Bewegungen marginalisiert.[5] Das Combahee River Collective musste dementsprechend nicht nur gegen eine Form der Unterdrückung kämpfen, sondern gegen mehrere Formen gleichzeitig – wie auch ich und viele andere FLINTA* in Deutschland heute immer noch. Diese Verschränkungen hat die Schwarze Rechtswissenschaftlerin Kimberlé Crenshaw zehn Jahre später als »Intersektionalität« beschrieben, die weiter vorne schon Thema war.

Die Schwarzen lesbischen Frauen* des Kollektivs waren eine »Minderheit in der Minderheit«. Ihre Anliegen wurden denen der weißen Frauen*, der weißen Arbeiter*innen, der weißen Lesben oder denen der Schwarzen Männer untergeordnet. Durch ihre Erfahrungen kamen sie zu dem Schluss, dass die wirkungsvollste und radikalste Politik von der eigenen, verschränkten Identität ausgeht.

> »Sich in dieser Situation auf eine eigene Identität zu beziehen oder, genauer, eine eigene Identität zu erfinden und zu behaupten, heißt nichts anderes, als sich dieser Auslöschung [sich unterordnen zu müssen, Anm. BB] zu widersetzen.«[6]

Zu dieser Erkenntnis kommt die Professorin für Geschlechterforschung Patricia Purtschert in ihrer Analyse zum Thema Identitätspolitik. Denn Gleichheit ist kein Maßstab, auf den wir uns alle in gleicher Weise beziehen können – weder in sozialen Bewegungen noch in privaten oder politischen Räumen.[7] Identitätspolitik ist also eine Reaktion auf die Ausschlüsse, die marginalisierte Gruppen in unserer Gesellschaft erfahren.

Heute tut die immer noch weiß und bürgerlich dominierte Öffentlichkeit so, als ob Identitätspolitik von privilegierten Menschen ausgehen würde, die in ihrer »woken Blase« die wirklich drängenden Fragen unserer Zeit ausblenden würden. Natürlich gibt es auch die Debatten, die in stark akademisierten Kreisen geführt werden und an der Realität und konkreten politischen Forderungen vorbeigehen. Diese stehen aber keineswegs im Zentrum der Identitätspolitik, wie es das Framing der medialen Berichterstattung nahelegt. Dadurch werden wichtige politische Anliegen, wie zum Beispiel rassismuskritische Bildung und Sprache, abgewertet und von Scheindebatten überlagert. Das ist nicht nur eine Frechheit, sondern verkennt auch das emanzipatorische Kernanliegen von Identitätspolitik.

Dadurch, wie identitätspolitische Anliegen dargestellt und verwendet werden, um mediale Aufreger zu produzieren, wird wieder eine Chance vertan, eine längst überfällige Debatte über die strukturellen Probleme unserer Gesellschaft zu führen. Wieder sprechen wir nicht über das, was wirklich relevant ist, sondern verlagern wichtige Themen auf die Ebene scheinintellektueller Debatten, die die Anliegen marginalisierter Gruppen in Konkurrenz zueinander stellen, anstatt auf die Strukturen zu schauen, die Unterdrückungsverhältnisse erzeugen.

Es ist schon sehr auffällig, wie dadurch in Politik und Gesellschaft versucht wird, an einer in Realität längst überholten weißen Dominanzkultur festzuhalten. Das macht ironischerweise eines ganz besonders sichtbar: die Identitätspolitik der weißen Mittel- und Oberschicht, an der sich weite Teile der Gesellschaft orientieren. Das macht sie unglaublich wirkmächtig. Doch wenn privilegierte weiße Menschen Politik für sich selber machen, wird das nicht als »Identitätspolitik« bezeichnet.

Dabei funktioniert ihre Identitätspolitik nicht nur, sondern ist fester Bestandteil der politischen und wirtschaftlichen Praxis.

Das ist besonders gut sichtbar an der Politik der »alten weißen Männer«. Damit meint natürlich niemand obdachlose, alte, weiße Männer mit Behinderung. Natürlich meinen wir mit diesem Ausdruck die privilegierten, weißen Männer, die in unserer Gesellschaft immer noch die mit Abstand größte Macht innehaben. Sie haben, wenn man so will, Identitätspolitik at its worst perfektioniert. Dies erkennt man daran, dass kaum jemand darüber spricht, wie ihre Art des Wirtschaftens und Politikmachens einzig und allein ihren eigenen Interessen dient. Dabei muss doch allen klar sein, dass die Aufdeckung von ein paar Korruptionsfällen während der Corona-Pandemie nur die Spitze des Eisbergs ist. Männer mit politischer Verantwortung bereichern sich längst nicht nur bei der Beschaffung von Schutzmasken[8], wie der Lobbyskandal um Phillip Amthor[9] oder auch schon viel früher die Spendenaffäre um Helmut Kohl beweisen. Warum also sollten wir glauben, dass weiße privilegierte Männer freiwillig ihre politische Macht aufgeben, um sie mit migrantischen Menschen zu teilen, wenn sie noch nicht mal ihre eigenen Frauen* und Töchter* in ihren exklusiven Club lassen? Sie sind eindeutig nicht an der Abschaffung von Unterdrückungsverhältnissen interessiert. Ausschlaggebend ist nämlich nicht, was sie sagen, sondern wie sie handeln.

Ihr Handeln jedoch wird nicht als Identitätspolitik verstanden, nein, diese wird vielmehr stets in Verbindung mit Anliegen marginalisierter Minderheiten gedacht und damit auf ein sehr kleines Gebiet reduziert. Daher ist es auch nicht verwunderlich, dass in den zahlreichen Debatten nahezu unerwähnt bleibt, in welcher sozialen Bewegung Identitätspolitik ihren Ursprung hat. Dabei ist die historische Einordnung, die ich weiter oben geschildert habe, essenziell, um die gegenwärtigen Auseinandersetzungen wirklich zu verstehen und ihre revolutionäre Kraft zu erkennen.

Im Gegensatz zur Identitätspolitik-Version von weißen privilegierten Männern in Machtpositionen bedeutet Identitätspolitik at its best, aus einer marginalisierten Perspektive Missstände aufzuzeigen, mit dem Ziel, alle Ausbeutungs- und Unterdrückungsverhältnisse gleichermaßen zu überwinden. At its best handelt es sich also um eine solidarische Bewegung, die sich ganz klar von anderen Formen wie der Interessenvertretung von Eliten oder identitären Bewegungen abgrenzt. Die Feminist*innen des Combahee River Collective, die sich gleichzeitig als Sozialist*innen verstanden, waren der Auffassung, dass ihre intersektionale Position auf der untersten Anerkennungsstufe der Gesellschaft steht. Sie waren davon überzeugt, dass eine Gesellschaft, die sie als Schwarze, lesbische Arbeiter*innen als gleichwertig einbezieht, in logischer Konsequenz *alle* Menschen einbeziehen müsste. Nichts weniger als die Überwindung aller Ausbeutungs- und Unterdrückungsverhältnisse hatten sie also zum Ziel.[10]

Wenn wir also heute fünfzig Jahre nach Begründung der Identity Politics auf den Black-Lives-Matter-Demonstrationen neben »Black Lives Matter« auch »Black Women's Lives Matter«, »Black Disabled Lives Matter«, »Black Queer Lives Matter«, »Black Trans* Lives Matter«, »Black Poor Lives Matter« etc. fordern, dann ist dies eine Errungenschaft der Identitätspolitik – und Zeichen intersektionaler Verschränkungen. Marginalisierte Gruppen erweisen uns täglich einen großen gesellschaftlichen Dienst, indem sie nicht müde werden, ihre Diskriminierungsrealitäten mit uns zu teilen und Veränderungen einzufordern. Nur dadurch sind wir theoretisch in der Lage, Unterdrückung in ihrer Gänze zu verstehen.

Durch Social Media erkennen wir heute zudem, dass die aktuellen Bewegungen gegen Unterdrückung ein globales Phänomen sind. Soziale Bewegungen kennen keine nationalen Grenzen. So haben die Schwarzen Demonstrant*innen der Black-Lives-Matter-Bewegung in den USA auch Schwarze Menschen in Deutschland empowert, sich selbstbewusster gegen Rassismus stark zu machen. Am 6. und 7. Juni 2020 kamen in ganz Deutschland fast 100.000 Menschen zusammen, um gegen Rassismus und andere -ismen zu demonstrieren. Die Protestierenden machten ein für alle Mal klar, dass Rassismus in Deutschland nicht nur bei Rechten zu finden ist. Durch die vielen Menschen, die ihre Wut auf die Straße getragen haben, war das Sprechen über Rassismus als gesamtgesellschaftliches Problem in Deutschland überhaupt erst ermöglicht worden. Das war ein gigantischer Fortschritt.

Wenn also in der Öffentlichkeit alte, weiße Politiker das Ende der Identitätspolitik fordern und damit lediglich marginalisierte Communities adressieren, werden wir zu Recht wütend. Denn eine solche Forderung reiht sich ein in eine Vielzahl an Strategien, die immer das gleiche Ziel verfolgen: gesellschaftlichen und wirtschaftlichen Machterhalt. Diese Gruppe hat sich schon immer verweigert, die real existierenden Differenzen und Diskriminierungsrealitäten in unserer

Gesellschaft anzuerkennen, so der Autor Max Czollek in einem Interview mit Josephine Apraku.[11] Dem entgegengestehend trat Identitätspolitik in ihren Ursprüngen mit dem bewussten Anspruch an, alle Unterdrückungsformen anzuerkennen und nur von einer wirklichen Revolution zu sprechen, wenn sie gleichermaßen die Befreiung von Arbeiter*innen, FLINTA* und rassifizierten Menschen – mit allen intersektionalen Verschränkungen – zum Ziel hat. Max Czollek widerspricht Kritikern der Identitätspolitik wie Wolfgang Thierse, indem er sagt:

> »Durch den Anspruch der Identity Politics ist so etwas wie Universalismus überhaupt erst zu denken. Ein Universalismus, der seinen Namen verdient.«[12]

Und deshalb: Identitätspolitik ist die Grundlage für unsere heutigen emanzipatorischen Kämpfe, und solange sie uns dienlich ist, werden wir nicht aufhören, sie als Mittel gegen Unterdrückung einzusetzen. Wir werden nicht aufhören, für uns selbst und für unsere Geschwister politisch einzustehen. Wir werden nicht aufhören, Herrschafts- und Machtkritik zu üben. Wir werden nicht aufhören, unseren Beitrag für die nachkommenden Generationen zu leisten.

MEHR ALS REPRÄSENTATION

Wir alle haben seit frühester Kindheit strukturellen Rassismus, Sexismus und Klassismus erlebt, mitbekommen, vorgelebt bekommen. Genauso haben wir auch Antisemitismus,

Queer- und Trans*feindlichkeit, die Diskriminierung aufgrund von Behinderungen oder Alter als »normal« verinnerlicht. Und das gilt für wirklich alle Menschen in unserer Gesellschaft.

Wenn du also selbst zum Beispiel als Frau* Sexismus internalisiert hast oder als Schwarzer Mensch Rassismus, dann schützt dich feministisch oder antirassistisch zu sein nicht davor, antisemitisch zu sein und macht dich auch nicht frei von klassistischen Vorurteilen oder Trans*feindlichkeit.[13]

Ich zum Beispiel beschäftigte mich seit über zehn Jahren intensiv mit Rassismus, aber erst während meiner Ausbildung zur Social-Justice- und Radical-Diversity-Trainerin verstand ich, wie umfassend Antisemitismus die ganze Gesellschaft und alle politischen Spektren durchzieht. Oder dass es neben sichtbaren auch unsichtbare Behinderungen gibt. Auch habe ich vorher nicht komplett durchdrungen, wie viel Gewalt von einer binären Geschlechter-Logik ausgeht. Jede dieser Erkenntnisse hat meine Weltanschauung komplett auf den Kopf gestellt und mein Selbstbild verändert. Auch ich musste mich mit Gefühlen wie Scham, Schuld und Abwehr auseinandersetzen. Ich habe eine Transformation durchlaufen, und am Ende dieser Transformation steht weniger ein explizites Wissen als die Überzeugung, dass Diskriminierung, Unterdrückung und Ausbeutung durch gesellschaftliche Strukturen aufrecht erhalten werden. Außerdem weiß ich jetzt, dass ich die Unterdrückungs- und Diskriminierungserfahrungen meines Gegenübers nie ganz nachempfinden werden kann. Aber das muss ich zum Glück gar nicht, denn alle Menschen können sehr gut für sich selbst sprechen – wenn man sie lässt.

Deshalb muss ich auch nicht zu allen Themen eine Meinung haben und bei jedem Gespräch mitreden. Und wenn ich es doch tue, bin ich mir darüber im Klaren, dass ich auch unrecht haben kann. Oder zumindest akzeptiere ich, dass andere Menschen anderer Meinung sein können. Lernen und Fehlermachen gehören unweigerlich zusammen, aber genauso untrennbar sind Demut und Respekt vor allen Menschen miteinander verknüpft.

Da also selbst ausgebildete Expert*innen nicht alle Aspekte von struktureller Diskriminierung in ihrer Gänze verstehen können, brauchen wir viele verschiedene Menschen, die unterschiedliche Perspektiven repräsentieren, um Unterdrückung auf allen Ebenen entgegenzuwirken.

Nun habe ich zu Anfang erklärt, dass die Tatsache, von einer strukturellen Diskriminierungsform betroffen zu sein, mich nicht automatisch zur Expertin macht. Ich kann auch Frau* sein und ganz klar sexistische Vorurteile reproduzieren. Wie können wir also sicherstellen, dass durch Repräsentation auch wirklich Perspektivenvielfalt zustande kommt? Aktuell würde ich die Frage folgendermaßen beantworten: durch solidarische Identitätspolitik, die versucht, so viele unterschiedliche Lebensrealitäten wie möglich gleichwertig miteinzubeziehen.

Wenn es also beispielsweise um die Überwindung von Geschlechterverhältnissen geht, müssen unterschiedliche Menschen zu Wort kommen, die davon negativ betroffen sind. Von Armut betroffene Frauen*, Frauen* mit und ohne Flucht-, Migrations-, Rassismus- oder Behinderungserfahrung, Frauen* mit unterschiedlichen Körpern, jüdische Frauen*, lesbische Frauen*, nicht binäre, inter*- und trans*-Menschen unterschiedlichen Alters, Religion, Klasse etc. Einige Menschen werden aus einer intersektionalen bzw. multiperspektivischen Position sprechen, andere wiederum aus »nur« einer Diskriminierungsperspektive. Dabei sei aber zu beachten, dass, egal aus welcher Sprechposition eine Person agiert, die politische Haltung ihrer Aussage immer der wichtigste Gradmesser sein sollte. Auf den Zusammenhang zwischen politischer Haltung und Klassenbewusstsein werde ich an anderer Stelle weiter eingehen.

Um ein solches Zusammenkommen unterschiedlichster Perspektiven zu ermöglichen, müssen wir strukturell und gesamtgesellschaftlich passende Bedingungen schaffen. Zum Beispiel müssen wir angemessene Kinderbetreuung zur Verfügung stellen, barrierefreie Räume oder Transportmittel schaffen und bestimmte Sicherheitsaspekte berücksichtigen. Genauso braucht es unterschiedliche Kommunikationsmethoden, also umfassende Übersetzungsmöglichkeiten. Neben diesen und weiteren strukturellen Voraussetzungen benötigen wir aber auch einen neuen Umgang mit Meinungsverschiedenheiten. Wir müssen lernen, Streit als fruchtbar und notwendig zu verstehen.

Dabei dürfen wir nicht der Illusion erliegen, dass Dominanz- und Machtverhältnisse, die unsere Gesellschaft im Alltag prägen, sich plötzlich in Luft auflösen, nur weil wir es schaffen zusammenzukommen. Wie ein solidarisches Miteinander aussehen kann, um ein gemeinsames Ziel zu erreichen, ist also nichts, was von Vornherein feststeht. Es ergibt sich im Prozess der Auseinandersetzung, in dem auch Raum sein muss für Scheitern, aber auch den Willen, mit den Erkenntnissen aus dem Scheitern neue Prozesse anzustoßen. Wenn wir uns auf diese elementaren Punkte einigen können, gibt es keinen Grund mehr, im Streit gewinnen zu müssen. Im Gegenteil, vielmehr sollten wir in der Lage sein, einander zuzuhören, ohne den Anspruch zu erheben, einen Konsens zu finden. Wir müssen lernen, unsere Sichtweisen nebeneinander stehenzulassen, und verstehen, dass es nicht den einen richtigen Weg gibt.

Dabei kann Identitätspolitik einen wichtigen Beitrag leisten. Wir müssen sie als Instrument verstehen, mithilfe dessen wir Diskriminierungsrealitäten erkennbar machen und unterschiedliche Perspektiven einbeziehen können. Um die damit verbundene Ableitung struktureller Diskriminierung aus Identitätskategorien aufzulösen, brauchen wir aber neue Denkkonzepte und politische Modelle. Modelle, die uns ein gemeinsames Handeln in Anerkennung unserer Unterschiedlichkeiten ermöglichen. Modelle, die auf Vielfalt und Pluralität basieren. Denn die Idee einer pluralen Gesellschaft ohne Unterdrückung bietet uns die Chance, dem ewigen Wettkampf um Auf- und Abwertung etwas entgegenzusetzen.

Wenn man so will, müssen wir also Demokratie neu denken lernen. Es darf keinen Platz mehr geben für Konzepte wie Integration oder Leitkultur, denn sie lassen keinen Raum für real existierende Differenzen und Unterschiedlichkeiten. Sie greifen nicht, weil sie nicht dafür gedacht sind, Komplexität und Pluralität anzuerkennen. Sie fußen auf einer Idee von Zusammenleben, die auf ein dominantes Zentrum ausgerichtet ist, dem alle ihre Unterschiede opfern sollen.[14] Diese Modelle haben in der Vergangenheit für eine Weile vermeintlich funktioniert – aber nur deshalb, weil ein Haufen privilegierter, weißer

Cis-Männer in vermeintlicher Homogenität alles unter sich ausmachte und höchstens aus Imagegründen mal Menschen mit anderen Identitäten mit an den Tisch bat.

Dieses permanente Zusammenspiel von Arroganz und Dominanz erklärt auch, wie es kurz nach den weltweiten Black-Lives-Matter-Demos dazu kommen konnte, dass fünf »Kartoffeln« in eine Talkshow geladen wurden, um im deutschen Fernsehen über Rassismus zu sprechen – obwohl sie davon nicht die geringste Ahnung hatten. In der Sendung »Die letzte Instanz« unterhielten sich vier prominente weiße Menschen – darunter auch Thomas Gottschalk – und ein ebenfalls weißer Moderator über Alltagsrassismus. Sie sprachen dabei u. a. über rassistische Begriffe, die ich an dieser Stelle nicht wiederholen möchte, und gaben ihre unqualifizierte Meinung dazu ab, die zeigte, dass sie sich weder mit der Thematik auseinandergesetzt hatten, noch die Bereitschaft verspürten, das jemals zu tun. Erschütternd genug, dass im Jahr 2020 der WDR immer noch nicht auf die Idee kommt, wenigstens »Süßkartoffeln« in die Show zu holen, ganz zu schweigen von Expert*innen oder BIPoC-Gäst*innen. Dieses Beispiel offenbart zwei fundamentale Probleme. Erstens: Der ignorante Umgang mit dem Thema Rassismus und das Nicht-Anerkennen unserer Unterdrückungserfahrungen basiert auf dem immer noch vorhandenen Überlegenheitskomplex der weißen Dominanzgesellschaft. Und zweitens: Unsere Identitätspolitik ist nicht die Ursache der tiefen Spaltung unserer Gesellschaft. Sie ist ein Instrument der Selbstermächtigung und eine Reaktion auf Unterdrückung, Diskriminierung, Entmenschlichung und die daraus bereits viel früher entstandene Spaltung.

Wir wissen dabei übrigens sehr gut, dass Identitäten nicht auf Unterdrückungserfahrungen reduziert werden können. Wir wissen, dass wir nicht unser Geschlecht, unsere Hautfarbe, unsere Klasse, unser Kopftuch oder unsere Behinderung sind. Wir wissen, dass wir Menschen sind. Nicht wir, sondern die Dominanzgesellschaft beschränkt unsere komplexen Identitäten und unser Menschsein auf genau diese Teile unserer Identität. Die Dominanzgesellschaft macht uns zu »Anderen« und negiert ironischerweise gleichzeitig die Erfahrungen, die wir aufgrund dessen machen. Wenn also unterschiedliche marginalisierte Gruppen gemeinsam ihre Identitätspolitik vorantreiben, dann tun sie das nicht nur, um Gesellschaftskritik zu üben, sondern auch, um ihre Erfahrungen zu teilen und ihnen dadurch Anerkennung und Bedeutung zu verleihen. Diese Art der Identitätspolitik hat weitreichende Folgen auf die Wissensproduktion in unserer Gesellschaft. Sie macht Wissen und Erkenntnisse sichtbar, die vorher nicht als solche anerkannt wurden.[15]

Die große Frage unserer Gegenwart lautet daher nicht: Spaltet Identitätspolitik die Gesellschaft? Sondern: Welche Art der Identitätspolitik spaltet die Gesellschaft, und welche bringt uns weiter, weil sie auf eine plurale, gerechte Gesellschaft hinarbeitet? Es soll eine plurale Gesellschaft entstehen, die nicht nur alle Menschen als gleichwertig anerkennt, sondern auch ihre Ressourcen gerecht verteilt. Und die gleichzeitig die Voraussetzung schafft, um Verwirklichung und Teilhabe gleichberechtigt zu ermöglichen[16] – um damit in letzter Konsequenz Identitätspolitik unnötig zu machen. Ich glaube, das wäre auch im Sinne der Vordenker*innen des Combahee River Collectives.

ÜBER PRIVILEGIEN, VERBÜNDET-SEIN UND UNMÖGLICHE SOLIDARITÄTEN

Wenn Identitätspolitik das Instrument ist, mit dem man die strukturelle Diskriminierung von Minderheiten sichtbar machen kann, dann sind Bündnisse und Solidaritäten, wie bereits angedeutet, der Schlüssel, um aus Minderheiten Mehrheiten zu machen. Dabei müssen die Verbündeten ihre Unterschiede nicht ablegen, um ein gemeinsames Ziel verfolgen zu können. Denn die übergeordnete Zielsetzung ist, Unterdrückungs- und Ausbeutungsverhältnisse für alle abzuschaffen. Stellen wir uns also vor, alle Menschen, die aufgrund von Alter, Behinderung, Aussehen, Sprache, Geschlecht, Gender, sexuellem Begehren, Religion, Klasse etc. strukturelle Diskriminierung erfahren, würden sich unter dieser Zielsetzung verbünden. Am Ende wären nur sehr wenige Menschen nicht Teil dieses Bündnisses. Und da gesellschaftliche Strukturen von Menschen gemacht wurden, können sie unter einer solchen neuen Zielsetzung auch wieder durch sie geändert werden.[17]

Wir alle wissen nun, dass es vor fünfzig Jahren in den USA große soziale und politische Bewegungen gab. Auch in Deutschland setzten sich viele Menschen in den 1970er Jahren für gesellschaftlichen Wandel ein, und auch damals wurden schon das Patriarchat, der Kapitalismus und die Zerstörung der Umwelt angeprangert, ebenso die Diskriminierung von sozialen Gruppen wie Frauen*, Kindern, Migrant*innen und Minderheiten.[18] Warum also müssen wir heute noch immer gegen dieselben Strukturen kämpfen? Und was müssen wir dieses Mal anders machen, damit kommende Generationen in einer gerechteren Welt aufwachsen?

Die Literaturwissenschaftlerin, Denkerin und Aktivistin bell hooks hilft uns, Antworten auf diese Frage zu finden. In ihrem Buch »Die Bedeutung von Klasse« analysiert sie den Feminismus der 70er-Jahre in den USA. Vor dem Erstarken des reformistischen Mainstream-Feminismus gab es laut hooks in der Frauen*bewegung der 70er auch radikalere Flügel, deren Mitglieder sich aus unterschiedlichen Gruppierungen zusammensetzten: lesbischen, Schwarzen, jüdischen, Frauen* of Color, weißen und Heterofrauen* aus unterschiedlichen Klassen, mit unterschiedlichen intersektionalen Hintergründen. Ihre Vision von Schwesternschaft war untrennbar mit dem Klassenthema verbunden. Doch irgendwann dominierten die Bedürfnisse einer Minderheit von gut ausgebildeten weißen Frauen* die Tagesordnungspunkte. Sie waren, wie sich herausstellte, nicht an radikaler Veränderung, also der Abschaffung der Klassenverhältnisse, zugunsten aller Frauen* interessiert. Die politischen Forderungen der privilegierten weißen Frauen* bestand lediglich darin die gleiche Klassenmacht zu erlangen wie ihre ebenfalls privilegieren weißen Männer. Als einige dieser weißen Frauen* dann tatsächlich auch Zugang zu wirtschaftlicher Macht erlangten, beendete dies die Illusion einer Bewegung ohne Klassenhierarchien, die die Abschaffung von Unterdrückung und Ausbeutung für alle Frauen* zum Ziel hatte, endgültig. Der dominante Mainstream-Feminismus war von nun an nur noch etwas für weiße Frauen* der Mittelschicht, die, verkürzt gesagt, »arbeiten zu gehen« mit Befreiung gleichsetzten.

Noch immer scheint es uns schwer zu fallen, über Klasseninteressen in sozialen Bewegungen nachzudenken.[19] Was müssen wir also konkret beachten, um aus den Fehlern der Vergangenheit zu lernen? Zwei Punkte sind besonders wichtig: kritische (Selbst-)Reflektion und kritische Haltung. Auch wenn es weh tut, müssen wir in der Lage sein, zu sehen, wo wir durch Haltung, Sprache und Handlungen zur Stabilisierung von Unterdrückung- und Ausbeutungsverhältnissen beitragen. Dies gilt auch innerhalb unserer Communities. Darüber hinaus müssen wir anerkennen, dass Gewalterfahrungen im Kontext von Unterdrückungsverhältnissen sehr unterschiedlich sein können. Wenn wir wirklich eine andere, gerechtere Gesellschaft wollen, dann müssen wir auch verstehen lernen, alle Erfahrungen anzuerkennen, ohne sie in eine Hierarchie zu setzen.

Was uns die Geschichte des Feminismus in den USA aber besonders lehrt, ist, dass Menschen mit Klassenprivilegien essenziell zum Erfolg, aber auch zum Misserfolg von politischen Bewegungen beitragen können. **Ich für meinen Teil kann ganz klar sagen, dass ich Teil einer neuen Mittelschicht bin, deren politische Loyalität und Solidarität der Arbeiter*innenklasse gilt.** Eine Mittelschicht, die die Auflösung der Klassenverhältnisse fordert, auch wenn das den Verlust der eigenen Privilegien bedeutet.

»Ich bin nicht frei, solange noch eine einzige Frau unfrei ist, auch wenn sie ganz andere Ketten trägt als ich«, sagte Audre Lorde einst. Auf unseren Kontext übertragen könnte es heute heißen: »Ich bin nicht frei, solange noch ein anderer Mensch strukturelle Diskriminierung, Unterdrückung und

Ausbeutung erfährt, auch wenn seine Gewalterfahrungen andere als meine sind.« Denn Privilegien bilden auch immer gesellschaftliche Verantwortung ab. Warum? Weil Privilegien Macht bedeuten.

Wenn ich also von Privilegien und Solidarität spreche, meine ich explizit nicht die zahlreichen globalen und nationalen »Hilfsprojekte« von weißen Menschen. Das ist für mich keine Solidarität, sondern das Ausleben eines weißen Überlegenheitskomplexes, auch »White Savior Complex« genannt. Der Begriff beschreibt weiße Menschen aus dem Globalen Norden, die aus der Überzeugung »etwas Gutes zu tun« in Länder des Globalen Südens gehen, um dort zu »helfen«. Durch ihren unreflektierten Überlegenheitskomplex bekämpfen sie die existierenden globalen Machtstrukturen und Ungleichheiten aber nicht, sondern verstärken sie stattdessen durch ihr Handeln.[20] Die »Hilfsprojekte« und die »Helfer*innen« tragen dazu bei, den kolonialen Blick auf die Länder des Globalen Südens am Leben zu halten, indem sie Menschen als unterentwickelt, bedürftig und schwach betrachten und darstellen, während sie sich selbst (bewusst oder unbewusst) als hochentwickelt und überlegen betrachten. Die Konstruktion der »Anderen« in Abgrenzung zum »Wir« ist immer noch allgegenwärtig und lenkt von der Tatsache ab, dass der Wohlstand im Westen heute immer noch von der Unterdrückung und Ausbeutung des Globalen Südens abhängt. Doch vor dem politischen ökonomischen System, durch das die massive Ungleichheit und die Armut erst hergestellt und aufrechterhalten werden, verschließen die »Helfer*innen« die Augen. Sie wollen »Gutes tun«, sich gut fühlen und dabei nichts von ihren unrechtmäßig erworbenen Privilegien hergeben. Und da Menschen des Globalen Südens heute direkt vor unserer Haustür zu finden sind, muss man nicht mal mehr ins Flugzeug steigen, um sich als Retter*in oder Helfer*in zu inszenieren. Weder die »Flüchtlingshilfe« hierzulande noch die Hilfsprojekte im Globalen Süden sind Ausdruck einer nicht-hierarchischen Solidarität, im Gegenteil: Sie sind zutiefst unsolidarisch. In Bezug auf geflüchtete Menschen würde sich nicht-hierarchische Solidarität darin ausdrücken, die Menschen nicht als bedürftig anzusehen, sondern als Menschen, die ihrer Grundrechte beraubt wurden. Der Nationalstaat Deutschland hat sich bewusst dazu entschieden, gewisse Migrant*innen vom nationalen »Wir« auszugrenzen. Infolgedessen werden ihnen Teilhabe und Grundrechte verwehrt. Echte Solidarität würde also bedeuten, dass wir für alle Menschen – uns selbst eingeschlossen – ausnahmslos eine andere Gesellschaft einfordern.

Die Professorin für Soziale Arbeit und Allgemeine Pädagogik Maria do Mar Castro Varela verfolgt dabei folgende These: Eine Solidarität, die nicht mehr hierarchisch gedacht wird, ermöglicht uns, eine Solidarität zu denken, in der ich mitgedacht werde. Also eine wechselseitige Solidarität, die erlaubt, die gleichen Geschichten aus unterschiedlichen Perspektiven zu erzählen und dadurch zu neuen Bündnissen zu kommen.[21]

Eine weitere hilfreiche Perspektive auf das Thema findet sich im Social Justice und Radical Diversity-Ansatz. Hierbei wird Solidarität im Sinne des »Verbündet-Seins« gedacht. Leah Czollek und Gudrun Perko verstehen darunter eine Art politischer Freundschaft, in der die Anliegen der anderen zu den eigenen Anliegen werden – unabhängig von Sympathie, Zusammengehörigkeit oder Eigennutz. »Verbündet-Sein« beschreibt somit ein Verhältnis zwischen Menschen, die in einem gewissen Kontext Privilegien besitzen und solidarisch mit Menschen sind, die strukturell diskriminiert werden, weil sie ein gemeinsames Ziel verfolgen.[22]

Als Schwarze, heterosexuelle Cis-Frau der Mittelschicht mit deutscher Staatsangehörigkeit bin ich von Rassismus und Sexismus betroffen. Gleichzeitig verfüge ich unter anderem auf Grund meiner Geschlechtsidentität und meines Klassenwechsels über einige Privilegien. Meine politische Verantwortung im Sinne des Verbündet-Seins liegt also darin, die Anliegen von Arbeiter*innen, Wohnungslosen, illegalisierten Menschen oder LGBTQIA+ zu meinen Anliegen zu machen. Ihre Kämpfe als meine Kämpfe zu verstehen und in der politischen Zusammenarbeit gemeinschaftlich zu entscheiden, wo meine Privilegien strategisch eingesetzt werden können. Intersektionalität macht somit nicht nur die Verwobenheit von Diskriminierungen sichtbar, sie erlaubt uns auch, unsere individuellen Privilegien zu erkennen und zu nutzen.

REVOLUTION – DAMIT ES SICH LOHNT, EINFACH NUR MENSCH ZU SEIN

Während ich diese Zeilen schreibe, schaue ich aus dem Fenster. Es ist schon wieder Herbst. Ich erinnere mich an die Zeit, als mir das erste Mal die Idee kam, ein Buch zu schreiben. Es war ebenfalls Herbst, und ich führte ein langes Telefonat mit meiner Schwester. Ich teilte mit ihr meine Gedanken und Beobachtungen zu Klassismus in der Kindererziehung. Wie immer hörte sie mir geduldig zu, dann sagte sie aber plötzlich: »Du musst ein Buch schreiben!« Ich fing an zu lachen, als hätte sie einen schlechten Witz gemacht. »Hahaha, ich und schreiben! No way! Und außerdem, wo sollte ich die Zeit hernehmen, ich komme jetzt schon zu nichts.« Aber meine Schwester meinte es wirklich ernst: »Du musst unbedingt deine Gedanken festhalten und mit anderen teilen«, sagte sie überzeugt und ließ es sich nicht nehmen, das in den folgenden Telefonaten immer wieder aufzugreifen.

Jetzt, wo ich dieses Buch fast zu Ende geschrieben habe, wundere ich mich immer noch, wie ich das geschafft habe.

Habe ich wirklich ein Buch geschrieben? In diesem Zustand der Verwunderung greife ich wieder zum Telefon, um meine Gedanken mit meiner Schwester zu teilen. Im Laufe des Gesprächs sagt sie etwas für mich sehr Wichtiges und Wertvolles: »Ich bin sehr stolz auf dich! Uns hat niemand beigebracht, Bücher zu schreiben, uns hat niemand zugetraut, Bücher zu schreiben, und doch tun wir es. Wir haben alle so viele Gründe, stolz auf uns zu sein, weil wir jeden Tag tun, was wir tun – trotz dem ganzen Scheiß da draußen.«

Immer wieder denke ich an ihre Worte. Niemand hat je geglaubt, dass wir einmal Bücher schreiben würden. Denn das zu tun bedeutet, gesellschaftlich Einfluss zu nehmen. Es bedeutet, Macht zu haben. Doch Menschen wie ich hatten nie gesellschaftliche Macht erlangen sollen. Mehr noch, wir sollten eigentlich gar nicht hier sein. Unsere Körper vielleicht, solange sie und ihre Schaffenskraft der Wirtschaft dienlich sind. Doch unser Geist, unser kritischer Geist, hatte sich nie entfalten sollen.

Um das nachhaltig zu unterbinden, gibt es systematische Unterdrückungsformen wie Rassismus. Denn diese haben fatale Folgen für Körper und Geist, halten uns klein, grenzen uns ein, zerstören uns. Und trotzdem leisten rassifizierte Menschen seit jeher Widerstand. Aus Schwarzer migrantischer Perspektive zu schreiben, Gesellschaftskritik zu üben und dies mit einer Vielzahl an Menschen zu teilen, ist meine ganz persönliche Form des Widerstands. Und es fühlt sich an wie ein radikaler Akt der Selbstermächtigung.

Aber ich weiß auch, dass diese Art der Selbstermächtigung erst durch meine Klassenprivilegien möglich wurde. Ich bin Teil einer neuen migrantischen Mittelschicht, die lautstark ihren Platz in der Gesellschaft einfordert. Der Ausgangpunkt meiner antirassistischen Arbeit liegt jedoch in meiner Herkunftsklasse. Meine Erfahrungen als Schwarze Frau sind untrennbar mit dem Aufwachsen in einer migrantischen Arbeiter*innenfamilie verbunden.

Heute gehöre ich faktisch zur Mittelschicht und kann durch

dieses Privileg in der Tradition großer Vordenker*innen wie bell hooks meine Position nutzen, um glorifizierte Begriffe wie »Erfolg« und »Aufstieg« zu dekonstruieren. hooks machte wie ich im Laufe ihres Lebens unterschiedliche Klassenerfahrungen, ohne die ihre Erkenntnisse über die versteckten Mechanismen unserer Klassengesellschaften nicht möglich gewesen wären. Ihre Erkenntnisse und ihre Arbeit – sie hat über zwanzig Bücher zu Feminismus, Rassismus und Klasse geschrieben – dienen mir und vielen anderen als Inspiration und Ermutigung, den eigenen Werdegang kritisch zu reflektieren und die erworbenen Klassenprivilegien für einen gesellschaftlichen Wandel einzusetzen. bell hooks ist nur ein Beispiel von vielen, die aufgrund ihrer eigenen intersektionalen Erfahrungen in der Lage waren, gesamtgesellschaftliche Analysen und Kritik zu formulieren. Ihr großartiges, einzigartiges Werk macht deutlich, wie wichtig eigene Erfahrungen für einen Erkenntnisgewinn sind, aus dem heraus Unterdrückungssysteme verstanden und bekämpft werden können.

Die Klassengesellschaft produziert und zementiert soziale Ungleichheit. In Deutschland geschieht die Klassenzuweisung maßgeblich entlang rassistischer Markierungen. Das haben wir in den vorangegangenen Kapiteln am Thema Migration sehen können: Global betrachtet wird durch die heutige Migrationspolitik eine koloniale Ordnung aufrechterhalten. In dieser rassistischen Ordnung wird Migration von Nord nach Süd ganz selbstverständlich legalisiert und normalisiert, umgekehrt aber illegalisiert. Das ist keinesfalls ein Naturgesetz, es ist das Ergebnis europäischer territorialer Macht- und Herrschaftsverhältnisse. Staaten wie Deutschland stehen damit ein für eine Ideologie von sozialer Ordnung, die nur durch Gewalt und Kontrolle über Personen, Beziehungen, Dingen und Raum funktioniert. In diesem Gefüge impliziert Migration aus dem Globalen Süden in den Globalen Norden immer das Infragestellen dieser territorialen Ideologie. »Unkontrollierte Migration« von nicht-weißen Menschen demonstriert und symbolisiert Widerstand gegen diese territoriale und soziale Ordnung.[1] Deshalb lässt das europäische Grenzregime die Menschen im Mittelmeer sterben, bevor sie einen Fuß auf europäisches Gebiet setzen können.

Damit diese Machtordnung so beibehalten werden kann, darf Migration nur durch Europa bzw. den Globalen Norden kontrolliert stattfinden. Ob Schwarze Menschen und People of Color in ihrem Bestreben zu migrieren gehindert oder unterstützt werden, hängt in der beschriebenen Ordnungslogik unter anderem von ihrer ökonomischen Verwertbarkeit ab. Für Geflüchtete aus dem Globalen Süden bedeutet dies aktuell, dass sie, wenn sie ihre Migration nach Europa überleben und nicht abgeschoben oder eingesperrt werden, auf einen schlecht bezahlen Job im Niedriglohnsektor hoffen dürfen.

Rassistische Klassenausbeutung verbinden wir heute mehrheitlich mit dem Kolonialismus, einem »Fehler« der Vergangenheit. Doch diese Jahrhunderte andauernde Ausbeutung ermöglichte nicht nur damals den wirtschaftlichen Aufstieg Europas – sie bildete auch die Grundlage für die globale Etablierung des europäischen Kapitalismus. Die dadurch entstandenen ökonomischen, politischen und gesellschaftlichen Strukturen sind bis heute die Basis für die Vormachtstellung des Globalen Nordens. Das heißt: Koloniale Strukturen existieren in der modernen Wirtschafts- und Gesellschaftsordnung des Kapitalismus weiter und führen noch stets zur Ausbeutung von Mensch und Natur im Globalen Süden.

Aber auch national betrachtet werden rassifizierte Migrant*innen auf dem deutschen Arbeitsmarkt ausgebeutet. Unsichere Aufenthaltstitel, kaum soziale und politische Rechte führen dazu, dass es für das Individuum unmöglich ist, unwürdige Löhne und schlechte Arbeitsbedingungen kritisieren oder ablehnen zu können. Dies ist vor allem dann nicht möglich, wenn die Aufenthaltserlaubnis an eine konkrete Arbeitsstelle geknüpft ist. Aber auch wenn das nicht das Fall ist, hängt die Bleibeperspektive geflüchteter Menschen meist von dem Nachweis eines kontinuierlichen sozialversicherungspflichtigen Jobs ab. Der Druck, eine Arbeitsstelle zu finden und diese, unabhängig von den Arbeitsbedingungen, zu halten, ist für sie daher sehr hoch. Durch diese Tatsache werden rassifizierte Arbeiter*innen in niedrig qualifizierte und damit als gesellschaftlich minderwertig betrachtete Arbeiten gedrängt, wodurch sie Minderwertigkeitsgefühle entwickeln. Viele von ihnen versuchen das durch einen höheren Arbeitsethos, also durch Fleiß auszugleichen.[2] Die Privatwirtschaft profitiert von der strukturellen Diskriminierung rassifizierter Arbeiter*innen, weil ihre Ausbeutung einfacher ist und sie kaum Möglichkeiten haben sich zu wehren und Rechte einzufordern.[3] Auch der Soziologe Stuart Hall stellte fest:

> »Das Problem hier ist aber nicht, ob die ökonomischen Strukturen für ›rassische‹ Spaltungen relevant sind, sondern wie beide theoretisch miteinander verknüpft werden.«[4]

Kapitalismus und Rassismus sind also eng miteinander verschränkt. Oder drastischer ausgedrückt: Im Kapitalismus ist die wichtigste Funktion von Rassismus die Ausbeutung von Arbeitskräften.

Deshalb dürfen Aktivitäten gegen strukturellen Rassismus und weitere Unterdrückungsformen nicht auf Forderungen nach mehr Repräsentation und Anerkennung von Minderheiten reduziert werden. Diese minimalen Forderungen müssen eingebettet werden in fundamentalere Forderungen nach gesellschaftlichem Wandel. Die Machtverhältnisse müssen sich verändern, sie müssen gerechter werden, sonst werden wir nur oberflächliche Veränderungen erleben – die die Klassenverhältnisse nicht aufbrechen, sondern Privilegien nur anders verteilen. Es ist schon jetzt zu beobachten, wie Diskriminierungskritik von den bestehenden Strukturen einverleibt wird. »Kosmetische« Maßnahmen, die lediglich Privilegien für einige wenige rassifizierte Menschen mit sich bringen, werden als große Veränderungen verkauft. Gesellschaftliche Machtverhältnisse bleiben unberührt, und auch diskriminierende Strukturen werden nicht angetastet. Strategisch gut geframet, bergen sie eine große Gefahr, denn sie können den echten Bewegungen ihre revolutionäre Kraft rauben. Solche Maßnahmen werden immer häufiger eingesetzt – dass sich Unterdrückungsverhältnisse dadurch nicht in Luft auflösen, zeigen diese Beispiele:

Wenn die deutsche Polizei die immer lauter werdende Kritik an rassistischer Polizeigewalt zum Anlass nimmt, um in Zukunft mehr Schwarze Menschen und People of Color für den Polizeidienst zu rekrutieren, heißt das noch lange nicht, dass sich irgendwas an der diskriminierenden Polizeipraxis ändert.

Im schlechtesten Fall wird es nur noch schwieriger, rassistische Praktiken sichtbar zu machen. Denn auch Polizeibeamt*innen of Color können rassistisch und klassistisch motivierte Kontrollen durchführen. Die Polizeipraktiken werden also wahrscheinlich weiterhin überproportional migrantische Arbeiter*innen und ihre in Deutschland geborenen Kinder und Enkel*innen treffen. Ebenso werden weder Mittel- noch Oberschicht eine Null-Toleranz-Strategie bezüglich Wirtschaftsstraftaten zu befürchten haben, obwohl diese einen erheblichen gesellschaftlichen und ökonomischen Schaden anrichten.[5]

Auch Schule wird nicht plötzlich ein Ort der Chancengleichheit, nur weil dort mehr nicht-weiße Menschen unterrichten. Schule braucht keine kosmetischen Aufbesserungen, sie braucht eine fundamentale Erneuerung, indem nicht mehr Konkurrenzkampf, sondern Solidarität gelehrt und gelebt wird. Das gleiche gilt für unser Wirtschaftssystem. Auch wenn heute fast alle großen Unternehmen sich zu mehr Nachhaltigkeit verpflichten und auf zahlreichen Produkten des täglichen Lebens grüne Aufkleber zu finden sind, bedeutet dies nicht das Ende der Ausbeutung von Menschen, Ressourcen und Umwelt – selbst wenn ab morgen alle CEOs in Deutschland nicht mehr weiß und männlich wären.

Wenn aber zum Beispiel die Politikerin Aminata Touré bei der nächsten Bundestagswahl Kanzler*innenkandidatin wäre, würde ich ihre Partei in jedem Fall wählen. Nicht, weil ich Fan ihrer bürgerlich-liberalen Mittelschichtspartei bin, sondern weil sie als Person für fundamentalere politische Veränderungen einsteht, die sich zum Teil mit meinen Überzeugungen decken. Repräsentation kann manchmal einen riesigen Unterschied machen – und manchmal gar keinen, und das ist auch okay so.

Mit diesen zugegebenermaßen drastisch zugespitzten Beispielen möchte ich für die Grenzen von Repräsentationspolitik sensibilisieren. Die Pluralität unserer Gesellschaft muss in allen Bereichen des täglichen Lebens sichtbar werden. Aber Sichtbarkeit verändert nicht automatisch die Strukturen, sie ersetzt nicht soziale Kämpfe. Und soziale Kämpfe gehen nicht von Individuen aus. Sie sind Aufgabe eines Kollektivs.

Damit möchte ich zwei Dinge klar machen: Identitätspolitik und Forderungen nach mehr Repräsentation sind unglaublich wichtige Werkzeuge, um Unterdrückungserfahrungen greifbar zu machen und aus einer Situation der Ohnmacht Selbstermächtigung zu schaffen. Und zudem sehr erfolgreich, denn sie haben in den letzten Jahren zur Politisierung einer ganzen Generation beigetragen. Gleichzeitig ist es unbedingt nötig, über die Erkenntnisse der geteilten Erfahrungen hinaus die Fragen zu stellen, die meinem Buch zugrunde liegen und die ich hier noch einmal wiederholen möchte: Wie können wir Kapitalismus, Rassismus und die Klassengesellschaft überwinden? Was brauchen wir für diese sozialen und ökonomischen Umbrüche? Wie können wir in all unserer Unterschiedlichkeit zusammenkommen und Solidarität neu erfahren, damit echte gesellschaftliche Transformation gelingen kann, von der alle Menschen profitieren?

Meine Auseinandersetzung in diesem Buch hat mich zu ein paar Antworten geführt, die sich für mich richtig anfühlen: Um die nötigen gesellschaftlichen Prozesse anzustoßen, müssen wir Räume schaffen, in denen nicht nur radikal neu gedacht wird, sondern auch radikal neu zugehört wird. Wir müssen uns in all unserer Unterschiedlichkeit begegnen, schätzen und zuhören lernen. Menschen, die aufgrund von struktureller Diskriminierung bisher kaum zu Wort kamen, müssen bei allen Überlegungen, die sich um gesellschaftlichen Wandel drehen, gleichberechtigt eingebunden werden. Wer könnte besser beurteilen, wie eine gerechtere Gesellschaft aussehen muss, als die Menschen, die durch die aktuellen Machtverhältnisse ausgebeutet und unterdrückt werden?

Parallel dazu muss der Abbau rassistischer und klassistischer Wissensbestände, Praktiken und Strukturen beständig vorangetrieben werden. Das heißt: Wir brauchen mehr Räume für Heilung und Empowerment (vor allem für Arbeiter*innen), mehr Powersharing (Machtteilung), größere institutionelle Öffnung und den vermehrten Einsatz von Anti-Diskriminierungsworkshops. »Machtteilung« ist dabei ein weitreichender Begriff, für den es keine klare Definition gibt. Vielmehr geht es zunächst einmal darum, einen Prozess anzustoßen, in dem wir uns alle mit unseren individuellen Privilegien und der daraus erwachsenen gesellschaftlichen Verantwortung auseinandersetzen.

Falls sich nun einige Menschen fragen, ob zum Beispiel die Bekämpfung der globalen Klimakrise nicht die drängendere Frage unsrer Zeit ist, will ich ihnen zwei Dinge ans Herz legen: Erstens, die Zerstörung der Umwelt und die Ausbeutung von Menschen sind nicht voneinander zu trennen. Und zweitens, die Klimakrise zu bekämpfen, ohne das System, das sie verursacht, abzuschaffen oder zumindest radikal zu verändern, wird nicht funktionieren. Irgendwelche Rucksäcke aus Meeresmüll zu produzieren und teuer zu verkaufen, wird den Klimawandel nicht stoppen, nicht mal ein bisschen. Oder, anders gesagt: Eine Nachhaltigkeitsrevolution auszurufen, nur um damit selbst auf kapitalistische Weise Geld zu verdienen, ist nicht nur widersprüchlich, es zeigt auch, dass die Ursache der Klimakrise nicht verstanden wurde. Denn die Vorstellung eines vermeintlichen Wohlfühlkapitalismus für wenige privilegierte Menschen hat uns die drohende Klimakrise überhaupt erst beschert.[6] Es ist also an der Zeit, dass auch privilegierte weiße Menschen die eigenen Verstrickungen in und die Zusammenhänge von Kapitalismus, Rassismus und Klasse kritisch reflektieren und bekämpfen. Doch diese Selbstreflexion kann nur funktionieren, wenn das Trauma der eigenen Entfremdung durch den Kapitalismus eingesehen und ausgehalten wird.

Das Schicksal des*der Einzelnen ist in unserer Gesellschaft mit seiner*ihrer wirtschaftlichen Verwertbarkeit und seinem*ihrem Anpassungsvermögen an die Erfordernisse der kapitalistischen Ökonomie verknüpft. Dies gilt nicht nur für klassische Arbeiter*innen, sondern auch für hochqualifizierte Arbeitskräfte in akademischen Berufen. Somit werden im Kapitalismus nicht nur Waren, sondern auch Menschen auf ihre Nützlichkeit und Marktfähigkeit reduziert. Wer sich dem Kapitalismus nicht unterwirft, muss mit dem Verlust von Zugehörigkeit, Anerkennung und vor allem Geld rechnen.

Diese Realität erklärt, warum selbst Menschen der weißen Mittelschicht aktuell große Angst vor dem sozialen Abstieg haben. Das sieht man ganz besonders auch an der Erziehung des Nachwuchses. Wie wir gesehen haben, setzen Mittelschichtseltern alle Hebel in Bewegung, um ihren Kindern gesellschaftliche Privilegien und damit den Klassenerhalt zu sichern. Denn in einem System, das auf sozialer Ungleichheit beruht, bedeutet Abstieg Abwertung. Dies wiederum würde zum Verlust von Ansehen, Macht und Privilegien führen, die über die Zugehörigkeit zu einer sozialen Klasse bestimmt werden. Diese Tatsache ist vor allem für die Arbeiter*innenklasse unmittelbar spürbar.

Das Aufrechterhalten dieser Denk- und Handlungsspirale führt dazu, dass sich Angehörige dieser Klasse nicht mit den Ursachen auseinandersetzen, also den gewaltvollen Verhältnissen im Kapitalismus. Sie versuchen stattdessen, ihre Dominanz aufrechtzuerhalten, indem sie strukturell schlechter gestellte Gruppen durch rassistische und klassistische Praktiken abwerten. Um dieser Spirale zu entkommen, müssen sich Menschen der Mittelschicht also erst einmal kritisch mit sich selbst auseinandersetzen. Sie profitieren zwar von den ungleichen Machtverhältnissen, doch sind sie auch Getriebene, da ihre Privilegien an die Unterdrückung und Ausbeutung ihrer Mitmenschen geknüpft sind. Dieser Tatsache müssen sie sich endlich stellen und dafür ihre Überlegenheitsphantasien ablegen. Sie müssen sich der Frage widmen, wer sie ohne ihre Klassenprivilegien oder die Privilegien, die sie durch ihr Weißsein erlangen, eigentlich sind. Nur so werden wir gemeinschaftlich in der Lage sein, konkrete Ideen und Utopien von Gesellschaft zu entwickeln, in der es sich lohnt, einfach nur Mensch zu sein. Jenseits alter Machtachsen und kapitalistischer Vorstellungen, die das Sein reduzieren auf Hierarchien und Kategorien entlang einer Verwertungslogik von Produktivität und Nützlichkeit.

Die Überwindung dieses alten Seins und die Vision eines

neuen Seins in einer anderen Gesellschaft kann Potenziale freisetztten, die wir dringend benötigen, um Veränderungsprozesse in Gang zu setzen, die Mensch **und** Natur wieder in Einklang bringen und Ausbeutung sowie Unterdrückung nachhaltig beenden.

DANKSAGUNG

Dieses Buch wäre nicht zustande gekommen ohne die vielen unterschiedlichen Menschen, deren Zeit, Energie und Gedanken in dieses Buch eingeflossen sind. Nicht nur die inhaltliche Auseinandersetzung, auch die emotionalen Höhen und Tiefen und die kleinen und großen Erfolgserlebnisse durfte ich mit ganz besonderen Menschen teilen. Zu ihnen möchte ich an dieser Stelle von Herzen Danke sagen!

Adej und Aboj: Ihr habt immer gesagt: »Mis abehum krdakum iyu.« Wie recht ihr damit hattet. Ich lerne immer noch so vieles von euch und erkenne mich gleichzeitig immer mehr in euch wieder. Dieses Buch ist ein Dankeschön für alles, was ihr für uns getan habt.

Ando: Du hast mich bestärkt, mich ermutigt, mich geleitet und mir den Rücken freigehalten. Du hast über Wochen alles auf deine Schultern gepackt, damit ich schreiben konnte. Yekenyeley, und ich liebe dich!

Dekey: Schickorinatat, ihr seid der Grund, warum ich über das Gestern und das Heute kritisch schreiben kann und dennoch nie den Glauben an ein besseres Morgen verliere.

Hadu und Fanu: Unsere Gespräche und euer Support waren und sind mir so unendlich wichtig. Danke dafür und für noch viel mehr.

Schouwit: Shikor haftey, du hast an mich geglaubt, bevor ich überhaupt verstanden habe, wohin die Reise führt. Du warst immer da, hast mich angefeuert, mitgefiebert und jeden noch so kleinen Erfolg mit mir gefeiert. Danke für alles, Habibti!

Dele: Danke fürs Überarbeiten, fürs Reindenken, für die Analogien zum Musikbusiness und die vielen, vielen Pep Talks. Danke, dass »Wir ziehen das durch, bis zum Ende« in jedem Moment spürbar war!

Susanne: Unsere zahlreichen Gespräche zu Klasse haben mir die Kraft und den Antrieb gegeben, aufzuschreiben, was so schwer zu greifen ist. Danke für »Ruf an und schick rüber – jederzeit«, selbst als du krank warst!

Das Social-Justice- und Radical-Diversity-Team: Sandrine, Leah, Gudrun, Corinne und Max: Durch euch hat sich mein Blick auf mich und die Welt verändert. Ich danke euch von Herzen dafür.

United4Eritrea: Weyni und Jonas, danke für alles, was ich von euch lernen durfte. Und an die gesamte U4E-Crew: »Ajohum ahwaty hanti ma-alti adna kn atu ina«.

Julia: Du hast meine ersten geschriebenen Seiten gelesen und mich ermutigt weiterzumachen. Dafür, und für Octavia Butler will ich von Herzen Danke sagen!

Diana Ejaita: Thank you for that beautiful book cover. I still remember your words »normally I don't do that, but I will try«. Thank you so much for making it possible.

Shaheen Wacker: Danke für das Sensitivity Reading. Deine Anmerkungen waren so wichtig für das Buch. Und unser letztes Gespräch wird mich noch eine Weile begleiten.

Lisa Volpp (Agentur Copywrite): Du hast von Anfang an an dieses Buch geglaubt, hattest immer ein offenes Ohr für mich und warst auch sonst immer zu 150 % da. Ich hätte mir keine bessere Wegbegleiterin wünschen können.

Nora Samhouri (Aufbau Verlag): Vielen Dank für deine wertvollen Kommentare, deine Verbesserungsvorschläge und die Energie, die du in dieses Buch gesteckt hast. Danke für die schöne Zusammenarbeit.

Hadija Haruna Olker: Von Herzen vielen Dank – fürs Lesen, fürs Unterstützen und für deine Schwesterlichkeit.

Priscillia Grubo: Danke für das Foto und den schönen Vibe bei dem Shooting.

Danke auch an Dalia, Elina, Ebe und Tine für die Unterstützung und an alle Freund*innen, die mich begleitet haben: Ihr seid in meinem Herzen und ich bin dankbar, euch in meinem Leben zu haben.

NACHWEISE UND ANMERKUNGEN

PROLOG

1 Ogette, Tupoka: »Über misogyne Knöpfe und noch viel mehr mit Anna Dushime«. *Tupodcast*, 03. 12. 2021, https://www.podcast.de/episode/587814873/ueber-mysogyne-knoepfe-und-noch-viel-mehr-mit-anna-dushime.

2 Vgl. Arndt, Susan / Ofuatey-Alazard, Nadja: Wie Rassismus aus Wörtern spricht. Münster 2011, S. 597–610.

3 Vgl. Roldán Mendívil, Eleonora/Sarbo, Bafta: Die Diversität der Ausbeutung – Zur Kritik des herrschenden Antirassismus. Berlin 2022, S. 49.

EINLEITUNG

1 Vgl. Hamade, Houssam: »Rassismus und Klassismus – Eng verwandt«. *taz*, 08. 08. 2020, https://taz.de/Rassismus-und-Klassismus/!5706370/.

2 Roig, Emilia: Why We Matter. Das Ende der Unterdrückung. Berlin 2021, S. 319.

1. INTEGRATION

1 Vgl. Fajembola, Olaolu / Niminde-Dundadengar, Tebogo: Gib mir mal die Hautfarbe. Mit Kindern über Rassismus sprechen. Weinheim 2021, S. 207.

2 Vgl. Behrendt, Barbara: »Was ist Blackfacing?«. *Deutschlandfunk*, 26. 06. 2020, https://www.deutschlandfunk.de/endlich-mal-erklaert-was-ist-blackfacing-100.html.

3 Vgl. Aydemir, Fatma: »Eure Traditionen sind Abfall«. *taz*, 11. 11. 2019, https://taz.de/Kritik-an-Blackfacing/!5636874/.

4 Vgl. Hasters, Alice: Was weiße Menschen nicht über Rassismus hören wollen, aber wissen sollten. Berlin 2019, S. 123 ff.

5 Vgl. Sassenberg, Kai / Fehr, Jennifer / Hansen, Nina u. a.: »Brennpunkt. Eine sozialpsychologische Analyse zur Reduzierung sozialer Diskriminierung von Menschen mit Migrationshintergrund«. *Zeitschrift für Sozialpsychologie* 38 (4), 2007, S. 241.

6 Vgl. Grubmüller, Jakob: Residentielle Segregation in Deutschland – Ursachen, Auswirkungen und Lösungsansätze in Vergangenheit, Gegenwart und Zukunft. Praxistransferprojekt im Rahmen des Studienganges M.Sc. Global Logistics der Frankfurt University of Applied Sciences. Frankfurt 2016, S. 8.

7 Vgl. Antidiskriminierungsstelle des Bundes: Rassistische Diskriminierung auf dem Wohnungsmarkt. Ergebnisse einer repräsentativen Umfrage. Berlin, 2020, S. 7 f. https://www.antidiskriminierungsstelle.de/SharedDocs/downloads/DE/publikationen/Umfragen/umfrage_rass_diskr_auf_dem_wohnungsmarkt.pdf?__blob=publicationFile&v=4.

8 Vgl. Templin, David: »Arbeitsmigration und ›Wohnmisere‹ – ein Blick in die Geschichte«. *Forum Migration*, Newsletter des DGB Bildungswerk Bund, April 2019, S. 5, https://www.dgb-bildungswerk.de/migration/arbeitsmigration-und-wohnmisere-ein-blick-die-geschichte.

9 Vgl. Gosewinkel, Dieter / Katzy-Reinshagen, Anna: »Ausländer – Die Herkunft eines Herkunftsbegriffs«. *WZB Mitteilungen*, Heft 173, September 2021, S. 27–30, https://bibliothek.wzb.eu/artikel/2021/f-24200.pdf

10 Vgl. Höhne, Jutta / Linden, Benedikt/Seils Eric u. a.: »Die Gastarbeiter. Geschichte und aktuelle Lage«. *WSI Report* 16, September 2014, S. 9, https://www.boeckler.de/pdf/p_wsi_report_16_2014.pdf

11 Vgl. Kemper, Andreas / Weinbach, Heike: Klassismus. Eine Einführung. Münster 2007, S. 123.

12 Vgl. Woytek, Sven: »Klassismus«. In: Initiative intersektionaler Pädagogik (Hg.): Intersektionale Pädagogik: Handreichung für Sozialarbeiter_innen, Erzieher_innen, Lehrkräfte und die, die es noch werden wollen. Ein Beitrag zu inklusiver pädagogischer Praxis, vorurteilsbewusster Bildung und Erziehung. Berlin 2013, S. 39. Abrufbar unter: http://ipaed.blogsport.de/images/IPD.pdf.

13 Vgl. Mecheril, Paul / do Mar, Maria / Dirim, Inci u. a.: Migrationspädagogik. Weinheim/Basel 2010, S. 48.

14 Vgl. Sinn, Hans-Werner: »Alte Ideologien: PISA und die deutsche Drei-Klassen-Gesellschaft«. *WirtschaftsWoche* 11/2006 (13. 03. 2006), S. 250. Abrufbar unter: https://www.hanswernersinn.de/de/medienecho_2143085_echo-WiWo-13-03-06.

15 Vgl. Butterwegge, Christoph: »Bildung – keine Wunderwaffe gegen Armut und soziale Ungleichheit«. *bpb*, 04. 08. 2017, https://www.bpb.de/themen/bildung/dossier-bildung/251948/bildung-keine-wunderwaffe-gegen-armut-und-soziale-ungleichheit/.

16 Vgl. Petschel, Anja: »Kinder mit Migrationshintergrund«. *bpb*, 10. 03. 2021, https://www.bpb.de/kurz-knapp/zahlen-und-fakten/datenreport-2021/bevoelkerung-und-demografie/329526/kinder-mit-migrationshintergrund/.

17 Vgl. Lehmann, Anna: »Mehr Mut gegen die Mittelschicht«. *taz*, 03. 12. 2019, https://taz.de/Bittere-Ergebnisse-der-neuen-Pisa-Studie/!5641658/.

18 Vgl. Bonefeld, Meike / Dickhäuser, Oliver: »(Biased) Grading of Students' Performance: Students' Names, Performance Level, and Implicit Attitudes«. *Frontiers in Psychology*, Vol. 9, Art. 481, 09. 05. 2018, S. 9, https://www.frontiersin.org/articles/10.3389/fpsyg.2018.00481/full.

19 Vgl. Hüther, Gerald: »Wissen kann man nicht beibringen«. *BR24*, 22. 01. 2017, abrufbar unter: https://www.youtube.com/watch?v=VFD8ok-gLZo.

20 Vgl. dazu: Kemper / Weinbach 2007, S. 124.

21 Ebd. S. 121–122.

22 Vgl. Kemper / Weinbach 2007, S. 124.

23 Agar, Volkan: »Der Preis ist Einsamkeit«. *taz*, 21. 05. 2021, https://taz.de/Sozialer-Aufstieg/!5767803/.

24 Vgl. hooks, bell: Die Bedeutung von Klasse. Warum die Verhältnisse nicht auf Rassismus und Sexismus zu reduzieren sind. Münster 2000, S. 157.

25 Vgl. ebd., S. 158.

26 Vgl. hierzu: Roig 2021, S. 94.

27 Siehe dazu auch: hooks 2000, S. 160.

28 Vgl. Reckwitz, Andreas: Die Gesellschaft der Singularitäten. Berlin 2021, S. 274.

2. EMANZIPATION

1 Vgl. Ogette, Tupoka: Exit Racism. Rassismuskritisch denken lernen. Münster 2017, S. 28 f.

2 Vgl. Kadritzke, Ulf: »›Mythos ›Mitte‹. Oder: Die Entsorgung der Klassenfrage«. *Radio Corax*, 12. 02. 2018, https://radiocorax.de/mythos-mitte/.

3 In den letzten Jahren hört man häufiger den Begriff »Neue Soziale Frage«. Damit sind die sozialen Probleme gemeint, die unsere heutige Gesellschaft kennzeichnen. Dazu zählen neue Formen der Armut, das Wohnungsproblem, die Ausgrenzung bestimmter Gruppen der Gesellschaft oder auch die Schwierigkeiten, die alte Menschen oder alleinstehende Mütter haben (vgl. hierzu Toyka-Seid, Christiane/Schneider, Gerd: »Soziale Frage«. *bpb*, 2022, https://www.bpb.de/kurz-knapp/lexika/das-junge-politik-lexikon/321136/soziale-frage/.

4 Candeias, Mario: KlassenTheorie – Vom Making und Remaking. Hamburg 2021, S. 525 ff.

5 Vgl. Roldán Mendívil / Sarbo 2022, S. 89 f.: »Der Kapitalismus als Ganzes hat kein bewusstes, steuerndes, koordinierendes Zentrum. Stattdessen entstehen und reproduzieren sich herrschaftsförmige Re-/Produktionsverhältnisse und ihre Institutionalisierung zentral als Resultat konkreter Strategien und sozialer Kämpfe, mit denen unterschiedliche soziale Gruppen, die auch in sich intersektional gespalten und hierarchisiert sind, in sehr spezifischen historischen Situationen versuchen, ihre Re-/Produktion zum eigenen Vorteil zu gestalten und/oder ihre privilegierte Bedürfnis Befriedigung gegen Probleme und Widerstände durchzusetzen.«

6 Vgl. Oberhuber, Nadine: »Die Deutschen sind vermögender als gedacht«. *Capital*, 19. 09. 2022, https://www.capital.de/geld-versicherungen/neue-studie--die-deutschen-sind-vermoegender-als-gedacht-32682592.html#:~:text=Die%20Hälfte%20besitzt%20nichts&text=Das%20reichste%20Prozent%20der%20Bevölkerung,einmal%20drei%20Prozent%20des%20Gesamtvermögens.

7 Vgl. Becker, Susanne: Sprechgebote. Wie das Sprechen über Sprache soziale Ungleichheiten reproduziert. Wiesbaden 2016, S. 9 f.

8 Zitiert in: hooks 2000, S. 115.

9 Woytek 2013, S. 39.

10 Dröscher, Daniela: »›Ich bin zwar privilegiert, aber immerhin nicht reich‹«. *Die Zeit*, 23. 02. 2021, https://www.zeit.de/kultur/2021-02/mittelschicht-klassengesellschaft-marx-norm-reichtum-armut-corona-pandemie-10nach8/komplettansicht.

11 Vgl. Woytek 2013, S. 39.

12 Vgl. Apraku, Josephine: Kluft und Liebe – Warum soziale Ungleichheit uns in Beziehungen trennt und wie wir zueinander finden. Berlin 2022, S. 35.

13 Vgl. Eder, Klaus: »Jenseits der nivellierten Mittelstandsgesellschaft. Das Kleinbürgertum als Schlüssel einer Klassenanalyse in fortgeschrittenen Industriegesellschaften«. In: Ders. (Hg.): Klassenlage, Lebensstil und kulturelle Praxis: Beiträge zur Auseinandersetzung mit Pierre Bourdieus Klassentheorie. Frankfurt am Main 1989. S. 349 f.

14 Racial Profiling beschreibt eine rassistische und rechtswidrige Polizeipraxis, die sich gegen BIPoC richtet.

15 Vgl. Andreas Reckwitz: Die Gesellschaft der Singularitäten, Berlin 2021, S. 289–294.

16 Vgl. Kronauer, Martin: »Gentrifizierung. Ursachen, Formen und Folgen«. *bpb*, 09. 07. 2018, https://www.bpb.de/themen/stadt-land/stadt-und-gesellschaft/216871/gentrifizierung-ursachen-formen-und-folgen/.

17 Becker, Susanne: Sprechgebote – Wie das Sprechen über Sprache soziale Ungleichheiten reproduziert. Wiesbaden 2016, S. 54 ff.

18 Reckwitz 2021, S. 330.

19 Der Begriff Adultismus wurde von der Schwarzen Sozialpädagogin und Autorin ManuEla Ritz geprägt und beschreibt konkret »den Umgang von Erwachsenen mit dem Machtungleichgewicht, das zwischen Kindern und Jugendlichen einerseits und Erwachsenen andererseits besteht.« (Ritz, ManuEla: »Adultismus – (un)bekanntes Phänomen: Ist die Welt nur für Erwachsene gemacht?« In: Wagner, Petra (Hg.): Handbuch Inklusion. Grundlagen vorurteilsbewusster Bildung und Erziehung. Freiburg 2013, S. 165–173.)

20 Vgl. Manstead, Antony S. R.: »The psychology of social class: How socioeconomic status impacts thought, feelings, and behaviour«. *British Journal of Social Psychology*, April 2018. S. 276 ff.

21 Reckwitz 2021, S. 331.

22 Als Baby Led Weaning bezeichnet man eine vom Baby geführte Entwöhnung von der Muttermilch, bei denen ihnen »normale« Erwachsenenmahlzeiten in mundgerechten Stücken serviert werden, bis sie selbstständig mitessen können. Auf Brei als Beikost wird dabei verzichtet.

23 Vgl. Arndt / Ofuatey-Alazard 2011, S. 694.

24 Vgl. Reinarz, Flavio / Daester, Daniel: »Nestlé und sein Milchpulver: Eine Erfolgs- und Leidensgeschichte«. *SRF*, 18. 02. 2016,

https://www.srf.ch/news/wirtschaft/nestle-und-sein-milchpulver-eine-erfolgs-und-leidensgeschichte.

25 Zu den unterschiedlichen Sprachen der Liebe in migrantischen Familien empfehle ich den Podcast Beles & Berbere vom 27. 10. 2021, https://podcasts.apple.com/de/podcast/16-andere-kulturen-andere-love-languages/id1538116377?i=1000539997765.

26 Vgl. hooks 2000, S. 118.

27 Roldán Mendívil / Sarbo 2022, S. 78.

28 Aylin Karabulut, *Instagram*, 01. 05. 2021, https://www.instagram.com/p/COUsQumHFFF/.

29 Vgl. Kelly, Natasha A.: Schwarzer Feminismus. Münster 2019, S. 11 f.

30 Vgl. Hüther 2017.

31 Vgl. Czollek, Leah / Perko, Gudrun u. a.: Praxishandbuch Social Justice und Diversity. Theorien, Training, Methoden, Übungen. München / Weilheim 2019, S. 127.

32 Vgl. Kızılay, Efsun: »Migration und Arbeitskämpfe. Ein Blick zurück in die Zeit der ›Gastarbeiter*innen‹ und ihre Kämpfe in der BRD der 1970er Jahre«. *Rosa Luxemburg Stiftung*, August 2020, https://www.rosalux.de/publikation/id/42811/migration-und-arbeitskaempfe.

33 Vgl. Koch, Hanna: »›Eine Mark mehr‹ – der Aufstand der Frauen«. *Neuss-Grevenbroicher Zeitung*, 17. 08. 2013, https://rp-online.de/nrw/staedte/neuss/eine-mark-mehr-der-aufstand-der-frauen_aid-15127827.

34 Vgl. Kemper / Weinbach 2007, S. 121 ff.

35 Vgl. Kemper / Weinbach 2007, S. 121 f.

36 Vgl. Tran, Minh Thu: »Diversität in der Werbung gerne – aber bitte ernst gemeint!«. *Deutschlandfunk Nova*, 10. 07. 2020, https://www.deutschlandfunknova.de/beitrag/social-washing-diversitaet-in-der-werbung.

37 Vgl. Preger, Sven: »Deutschland versteht sich immer noch als weiß«, *Deutschlandfunk Nova*, 17. 03. 2021, https://www.deutschlandfunknova.de/beitrag/natasha-kelly-die-soziologin-findet-die-rassismus-debatte-in-deutschland-zu-eindimensional.

3. WUT

1 Hess, Sabine / Bernd Kasparek / Stefanie Kron u. a. (Hg.): Der lange Sommer der Migration. Grenzregime III. Berlin/Hamburg 2016, S. 6 f. Online verfügbar unter: https://www.uni-goettingen.de/de/document/download/9f9cde836254544ce086be864f7f2894.pdf/Grenzregime_Einleitung.pdf.

2 Czollek, Max: Gegenwartsbewältigung. München 2020, S. 107.

3 Vgl. Geyer, Tim: »Neonazis und Rocker übernehmen das Sicherheitsgewerbe in Brandenburg«. *Vice*, 01. 03. 2018, https://www.vice.com/de/article/437peb/neonazis-und-rocker-ubernehmen-das-sicherheits-gewerbe-in-brandenburg.

4 Vgl. Polat, Yasmin / Müller, Pascale: »Machtmissbrauch in Unterkünften – sie suchten Schutz«. *taz*, 13. 11. 2017, https://taz.de/Machtmissbrauch-in-Unterkuenften/!5460056/.

5 Vgl. Fischer, Jonathan: »Flüchtlingsunterkünfte: Wenn Security-Leute Angst verbreiten«. *Süddeutsche*, 14. 05. 2017, https://www.sueddeutsche.de/leben/fluechtlingsunterkuenfte-wenn-security-leute-angst-verbreiten-1.3499799.

6 S. I. L. A.: »Wen kümmert das Leben eines Migranten, vor allem das eines Asylsuchenden?« In: Hinterland-Magazin Nr. 33 (Februar 2017), S. 92. Abrufbar unter: http://www.hinterland-magazin.de/wp-content/uploads/2017/02/hinterland-magazin33-wen-kuemmert-das-leben-eines-migranten_87.pdf.

7 Vgl. ebd., S. 87.

8 Vgl. ebd., S. 93.

9 Vgl. Steinhilper, Elias: »Selbstbewusst und laut – politische Proteste von Geflüchteten«. *bpb*, 10. 05. 2016, https://www.bpb.de/gesellschaft/migration/kurzdossiers/227542/politische-proteste-von-gefluechteten#footnode5-5.

10 *Angela Davis speaks at Oranienplatz*, 06. 10. 2022, https://iwspace.de/2022/10/angela-davis-o-platz/.

11 Vgl. Potter, Nicholas: Deutsche in der Kartoffelecke. *Belltower*, 09. 06. 2021, https://www.belltower.news/suesskartoffelgate-deutsche-in-der-kartoffelecke-117069/.

12 Ogette 2021.

13 Vgl. Hoeder, Ciani-Sophia: Wut und Böse. München 2021, S. 23–30.

14 Ebd., S. 23–30.

15 Roldán Mendívil / Sarbo 2022, S. 50.

16 Vgl. ebd., S. 50 f.

17 Ataman, Ferda: »Migranten schulden Deutschland nichts.« *Forum Migration*, Newsletter des DGB Bildungswerk Bund, April 2019, S. 5, https://www.dgb-bildungswerk.de/sites/default/files/media/product/files/Forum_06_19_1.pdf.

18 Ebd.

19 Vgl. »Rassismus erklärt – Interview und Analyse mit Prof. Paul Mecheril«. *Verband binationaler Familien und Partnerschaften iaf e. V.*, 10. 02. 2017, https://www.youtube.com/watch?v=hplclC4ulsQ, Minute 8:00–9:40.

20 Ergin, Yasemin: »›Nie mehr leise‹: Für mehr Sichtbarkeit und Vielfalt in der Kultur«. *NDR Kultur*, 05. 05. 2021, https://www.ndr.de/kultur/Nie-mehr-leise-Gegen-Rassismus-und-Sexismus,niemehrleise106.html.

21 Vgl. Chronik flüchtlingsfeindlicher Vorfälle, *Mut gegen rechte Gewalt*, 17. 06. 2020, https://www.mut-gegen-rechte-gewalt.de/service/chronik-vorfaelle.

22 Vgl. Schubert, Kevin: »Anschläge, Morde, Hetzjagden – Rechte Gewalt in Deutschland – eine Chronik«. *ZDF heute,* 19. 02. 2021, https://www.zdf.de/nachrichten/politik/rechtsextremismus-gewalt-terror-chronik-100.html.

23 Vgl. Chronik flüchtlingsfeindlicher Vorfälle, *Mut gegen rechte Gewalt,* 17. 06. 2020, https://www.mut-gegen-rechte-gewalt.de/service/chronik-vorfaelle.

24 Vgl. Ebd.

25 Czollek 2020, S. 18.

26 »Jahresstatistik für 2021. Neuer Rekordwert bei Rüstungsexporten«. *Tagesschau,* 18. 01. 2022, https://www.tagesschau.de/wirtschaft/unternehmen/ruestungsexporte-deutschland-rekord-ruestungsexport-gesetz-101.html.

27 Amjahid, Mohamed: »Westeuropa und seine Grenzen – Ein widersprüchliches Selbstbild«. *taz,* 13. 03. 2022, https://taz.de/Westeuropa-und-seine-Grenzen/!5836813/.

28 Becker, Uwe: Deutschland und seine Flüchtlinge – Das Wechselbad der Diskurse im langen Sommer der Flucht 2015. Bielefeld 2022, S. 242.

29 Vgl. ebd., S. 240 ff.

30 Zitiert in: Jungblut, Peter: »›Die scheinen uns ähnlich‹: Sind Ukraine-Berichte rassistisch?« *BR,* 05. 03. 2022, https://www.br.de/nachrichten/kultur/die-scheinen-uns-aehnlich-debatte-ueber-medien-rassismus, SzDBiSK.

31 Vgl. Roig, Emilia: Why We Matter. Das Ende der Unterdrückung. Berlin 2021, S. 145.

32 Ebd.

4. DIE MACHT

1 Haruna-Oelker, Hadija: Die Schönheit der Differenz – Miteinander anders denken. München 2022, S. 153.

2 Vgl. Alexopoulou, Maria: »Rassismus als Kontinuitätslinie in der Geschichte der Bundesrepublik Deutschland«. *bpb*, 18. 09. 2018, https://www.bpb.de/shop/zeitschriften/apuz/275884/rassismus-als-kontinuitaetslinie-in-der-geschichte-der-bundesrepublik-deutschland/

3 Vgl. Bergold-Caldwell, Denise / Laura Digoh / Hadija Haruna-Oelker u. a.: Spiegelblicke: Perspektiven Schwarzer Bewegung in Deutschland. Berlin 2016.

4 Vgl. *The Combahee River Collective Statement*, Yale University 1977, https://americanstudies.yale.edu/sites/default/files/files/Keyword%20 Coalition_Readings.pdf.

5 Vgl. Martschukat, Jürgen: »Hegemoniale Identitätspolitik als ›entscheidende Politikform‹ in den USA. Eine Geschichte der Gegenwart«. *bpb*, 14. 09. 2018, https://www.bpb.de/apuz/275882/hegemoniale-identitaetspolitik-als-in-den-usa?p=all.

6 Purtschert, Patricia: »Es gibt kein Jenseits der Identitätspolitik: Lernen vom Combahee River Collective*«. *Widerspruch: Beiträge zu sozialistischer Politik* (27. 09. 2021), S. 17.

7 Vgl. ebd. S. 18.

8 Vgl. Reyher, Martin: »Korruption, Untreue, illegale Parteispenden – Gegen diese Abgeordneten laufen Ermittlungs- oder Gerichtsverfahren«. *Abgeordnetenwatch*, 31. 03. 2021, https://www.abgeordnetenwatch.de/blog/korruption/gegen-diese-abgeordneten-laufen-ermittlungs-oder-gerichtsverfahren.

9 Vgl. Reyher, Martin: »Interne Unterlagen – Wie Philipp Amthor zum Türöffner für Augustus Intelligence wurde«. *Abgeordnetenwatch*, 06. 05. 2021, https://www.abgeordnetenwatch.de/recherchen/lobbyismus/wie-philipp-amthor-zum-tueroeffner-fuer-augustus-intelligence-wurde.

10 Vgl. van Dyk, Silke: »Identitätspolitik gegen ihre Kritik gelesen – Für einen rebellischen Universalismus«. *APuZ*, 25. 02. 2019, S. 25–32.

11 Vgl. Czollek, Max: CLINCH 2021 | Postmigrantischer Antifaschismus. 04. 05. 2021, 51:00–53:00 min, https://www.youtube.com/watch?v=HirFI33rSu8.

12 Ebd.

13 Interessante Reflexionen zu diesem Thema gibt es u. a. auf der diskriminierungskritischen Instagram-Seite von @beautifulcoulors.

14 Vgl. Czollek 2021, 49:05 min.

15 Vgl. Purtschert 2021, S. 16 f.

16 Vgl. Czollek / Perko 2019, S. 24.

17 Vgl. ebd., S. 38.

18 Vgl. Farin, Klaus: »Politik und Alltag«. *bpb*, 05. 02. 2010, https://www.bpb.de/geschichte/zeitgeschichte/jugendkulturen-in-deutschland/36194/politik-und-alltag.

19 Vgl. hooks 2000, S. 113–121.

20 Vgl. »White Savior Complex«. *BrückenWind*, 09. 09. 2020, https://brueckenwind.org/bildungsarbeit/white-savior-complex-2/.

21 Vgl. Varela, María do Mar Castro: Unmögliche Solidarität? Migration, Bildung & Demokratie: »Kurz gefragt« mit Prof. Castro Varela. *Bertelsmann Stiftung*, 07. 03. 2019, https://www.youtube.com/watch?v=PXVNerDefy4.

22 Vgl. Czollek / Perko, S. 40.

REVOLUTION

1 Vgl. Mau, Steffen: Sortiermaschinen – Die Neuerfindung der Grenze im 21. Jahrhundert. Bonn 2022, S. 26 f.

2 Vgl. Roldán Mendívil / Sarbo 2022, S. 52.

3 Vgl. Seng, Sebastian: Mensch sein – nicht arbeiten muss sich lohnen. Zum Zusammenhang von Rassismus und Klassismus und Kapitalismus. In: Seng, Sebastian / Dyana Rezene / Ansgar Drücker(Hg.): Klassismus und Rassismus: Dimensionen einer vielschichtigen Intersektion. Düsseldorf, 2022, S. 13–18.

4 Ebd. S. 13.

5 Vgl. Roldán Mendívil / Sarbo 2022, S. 121.

6 Vgl. Thomé, Luisa: Kauft, was ihr wollt!. *Die Zeit*, 25. 11. 2022, https://www.zeit.de/arbeit/2022-11/black-friday-konsum-elite-rabattaktionen-klasse.